DIE WERKZEUGE DER PSYCHOLOGIE

Menschen lesen und entschlüsseln: Wie Sie durch simple Kommunikationsmethoden und Manipulationstechniken zum Rhetorik-Profi werden

DAVID M. KRONSTEIN

ISBN – 9798421820840

INHALTSVERZEICHNIS

EXKLUSIVER BONUS

HÖRBUCH GRATIS ERHALTEN

Das 1x1 der Manipulation

Halten Sie Ihre Handykamera einfach auf den QR Code
und kommen Sie so zu dem Gratis-Download:

QR-Code mit Kamera scannen und
GRATIS Bonus erhalten:

EINLEITUNG

Haben Sie sich schon oft gefragt, was Sie in Gesprächen besser machen können, um verstanden zu werden? Wenn Sie oft missverstanden werden, oder andere oft missverstehen, dann haben Sie vielleicht einfach noch nicht die richtigen Kommunikationsmittel gelernt! In diesem Buch bekommen Sie eine Einführung in das Thema Psychologie der Kommunikation. Es gibt Ihnen die Mittel in die Hand, die Sie für ein erfolgreiches Gespräch brauchen.

In der Psychologie versteht man unter Kommunikation nicht nur das, was wir einander sagen oder schreiben. Vielmehr ist es das was nicht gesagt wird, das zu Verständnis oder Unverständnis führt. Wir sprechen mehr mit unserem Körper als mit unserem Mund. Oft sind wir uns den Signalen, die wir aussenden, gar nicht bewusst.

Stellen Sie sich vor, Sie sitzen in einem Wartezimmer beim Arzt. Ihnen gegenüber sitzt ein Mann. Er hat die Beine mal um die Stuhlbeine geschlungen, und dann wippt er mit ihnen auf und ab. Die Stirn liegt in Falten. Sie könnten seinen Gesichtsausdruck als nachdenklich und seine Körperhaltung als angespannt bezeichnen. Seine Finger tippen immer wieder auf die Stuhllehne, als würde er auf ihr Klavier spielen. Er atmet schwer, seine Brust hebt und senkt sich sichtbar und zwischendurch stockt sein Atem. Er überkreuzt die Beine zuerst links und dann rechts. Er macht viele kleine Bewegungen mit den Händen und auch mit den Zehen. In diesem Moment kommuniziert dieser Mensch mit Ihnen, obwohl er es gar nicht bemerkt und noch kein einziges Wort gesagt hat. Aus seiner Mimik und Gestik können Sie herauslesen, was dieser Mann in genau diesem Moment denkt. Die Art und Weise, wie er seinen Körper bewegt, lässt Sie weiter schließen, dass er eventuell Angst vor einer schweren Diagnose hat.

Durch das Beobachten von Menschen können Sie sehr viel über sie erfahren. Aber nicht nur über andere können Sie dadurch viel erfahren, auch über sich selbst. Sehen wir uns die Situation im Wartezimmer noch einmal genau an. Was könnte die Schlussfolgerung, die wir gerade getroffen haben, über Sie selbst aussagen? Sie haben sich eventuell schon mal in einer ähnlichen Situation wiedergefunden oder fürchten sich selbst vor der Diagnose des Arztes. Denn man könnte die Körperhaltung des Mannes, den Sie beobachten, auch als Anzeichen deuten, dass er dringend auf die Toilette muss. Sie sehen also, Ihre Vorerfahrungen beeinflussen die Kommunikation immens, egal ob bewusst oder unbewusst.

Die versteckten Intentionen und Emotionen von Menschen richtig zu lesen ist erlernbar. Wenn Sie wissen, auf welche Hinweise Sie achten müssen, können Sie lernen Situationen besser einzuschätzen.

Lernen Sie, was Sie von sich selbst durch ihre Körpersprache preisgeben und wie Sie es verhindern können, sich durch Ihre Mimik und Gestik zu verraten. Dieser Ratgeber zeigt Ihnen was bestimmte Körperhaltungen und Bewegungen bedeuten. Solches Wissen ist nicht nur für ihr berufliches Leben von Vorteil, sondern kann auch Ihre privaten, zwischenmenschlichen Beziehungen verbessern. Sehen wir uns also gemeinsam an, wie die einzelnen Disziplinen der Kommunikation und Manipulation zusammenhängen, welche Gesten und Mimik Lügner zeigen und wie Sie jemand ansieht, der in Sie verliebt ist. Auf den folgenden Seiten werden Sie anhand von Beispielen lernen, wie Sie Ihr Sozialleben durch gelungene Kommunikation positiv beeinflussen können.

Was ist Kommunikation?

Sprachliche Kommunikation ist ein wichtiges Werkzeug zwischenmenschlicher Beziehungen. Immerhin zeichnen wir Menschen uns durch unsere Sprache aus und wir heben uns dadurch auch von anderen Lebewesen auf unserem Planeten ab. Wir sind die einzigen Tiere auf der Erde, die eine geschriebene Sprache entwickelt haben und die Wörter zu sinnvollen Sätzen nach bestimmten Regeln kombinieren können. Natürlich kommunizieren auch Tiere miteinander, aber sie tun das auf eine andere Art und Weise als wir. Tiere sprechen so wie wir mit ihrem Körper und sie wenden Laute, Rufe und Pfiffe an, um sich miteinander zu verständigen. Ihre Art der Sprache ist mindestens so komplex wie unsere eigene und viele Tiere sind sogar dazu in der Lage, Teile unserer Sprache zu lernen. In Experimenten zeigte sich, dass auch Affen Wörter lernen können. Nachdem ihnen einige Zeit lang englische Wörter mit vier Buchstaben oder vier unsinnig aneinander gereihte Buchstaben präsentiert wurden, konnten sie lernen diese voneinander zu unterscheiden. Sie können sogar ein falsch geschriebenes Wort erkennen. Aber das alleinige auswendig lernen von Wörtern oder Buchstaben macht noch keine Sprache aus. Man muss auch den Satzbau, also den Syntax, der jeweiligen Sprache kennen und sich genauso gut mit der Grammatik, den Regeln der Sprache, auskennen. Und diese Regeln sind es, die uns Menschen von anderen Tieren unterscheiden. Wie kann ich Wörter zu sinnvollen Sätzen zusammensetzen? Welche Sätze, kann ich in bestimmten Situationen sagen, um jemanden zu beruhigen? Es ist dieses Wissen, das uns hilft, uns in sozialen Situationen richtig zu verhalten.

Wir sprechen jeden Tag unzählig viele Worte mit verschiedenen Menschen. Unser Miteinander wird davon bestimmt, wie effizient wir mit anderen kommunizieren können. Es gibt daher Techniken, die von der Psychologie und der Linguistik entwickelt wurden, um uns zu helfen sinnvoll miteinander zu sprechen. Nicht nur die gesprochene Sprache ist dabei ausschlaggebend, sondern auch die kleinen Zeichen, die wir unbewusst mit unserer Körpersprache aussenden. Die Mimik, unsere Gesichtsausdrücke, und die Gestik, die Bewegungen unseres gesamten Körpers, sind neben unserer gesprochenen und geschriebenen Sprache, der Schlüssel zu einer erfolgreichen Verständigung.

Das Wort Kommunikation kommt aus dem Lateinischen und bedeutet „gemeinsam machen, teilen, vereinigen, mitteilen oder teilnehmen lassen". Der Fokus liegt also auf Gemeinsam, auf dem Miteinander. Alleine kann man nicht kommunizieren, nur zu zweit oder in einer Gruppe kann Kommunikation stattfinden.

Kommunikation kann man lernen. Man muss sie sogar lernen, denn diese Besonderheit des Menschen ist nicht angeboren. Wir Menschen können durch unsere verbale Sprache ausdrücken, wie wir uns fühlen, was wir denken, welche Absichten und Pläne wir haben. Und wir können nicht nur das, wir können auch zwischen den Zeilen lesen. Wir können durch die Artikulation und Intonation unseres

Gegenübers ableiten, wie dieser Mensch zu uns steht. Durch unsere nonverbale Sprache können wir noch mehr Informationen aus dem Gesagten rausholen. Vielleicht mag uns derjenige nicht besonders. Er wird sich dann wahrscheinlich mit dem Oberkörper von uns abwenden. Er wird die Distanz zwischen uns vergrößern. An der Reaktion einer Person können wir auch erkennen, ob sie gerade positive oder negative Neuigkeiten bekommen hat. Wenn jemand von einer Sekunde auf die andere erstarrt, hat er eventuell gerade etwas erfahren, was ihn erschreckt hat. Diese kurze Schreckstunde ist notwendig, um zu überlegen was er als nächstes tun soll. Es ist eine Art Schutzmechanismus, der uns angeboren ist. Diese Reaktion kann uns viel über die Befindlichkeit der Person verraten.

Kommunikation ist der zwischenmenschliche Verkehr und die Verständigung untereinander, besonders mithilfe von Sprachen, Zeichen.

Auf den nächsten Seiten möchte ich daher die verschiedenen Modelle der Kommunikation und die Reaktionsmuster nonverbaler Kommunikation erklären. Die wichtigsten Punkte daraus werde ich in einer Tabelle zusammenfassen, um einen kompakten Ratgeber zu effektiver Kommunikation zu erstellen. Ich werde Ihnen all die kleinen Verhaltensweisen vorstellen, die Menschen zeigen, um sich selbst zu beruhigen und mit denen sie, ohne auch nur ein Wort gesagt zu haben, viel über sich selbst preisgeben. Lernen Sie, wie man die Körpersprache anderer liest. Sie werden sehen, dieses Wissen wird Ihnen einen großen Vorteil in zwischenmenschlichen Begegnungen bieten. Durch das genaue Beobachten von Verhaltensweisen und der richtigen Interpretation ist es möglich, Situationen richtig einzuschätzen und vorherzusehen. Wenn Sie sich in die Lage und die Gefühlswelt einer anderen Person hineinversetzen können, haben Sie den großen Vorteil, Dinge vorherzusehen die andere vielleicht erst bemerken würden, wenn es schon zu spät ist.

Empathie

Man bezeichnet die Fähigkeit sich in andere hineinzuversetzen auch als Empathie. Im Duden ist Empathie als die Bereitschaft und Fähigkeit, sich in die Befindlichkeiten anderer Menschen einzufühlen definiert. Mitgefühl ist eine Persönlichkeitseigenschaft, die bei einem Menschen mehr oder weniger stark ausgeprägt sein kann. Manch einer ist sehr gut darin, zu erspüren wie sich jemand fühlt und andere können vielleicht nur erahnen, dass sich ihr Gegenüber nicht wohlfühlt. Wie das Wort Mitgefühl schon sagt, fühlt man die Emotionen des anderen selbst. Man weiß also nicht nur, dass sich jemand schlecht fühlt, man fühlt sich auch selbst schlecht. Dieses mitfühlende Verhalten kann man schon bei Neugeborenen erkennen. Babys orientieren sich sehr stark an den Emotionen ihrer Mitmenschen. Das ist evolutionär gesehen auch eine wichtige Überlebensstrategie. Das Erkennen von Emotionen kann ihnen Aufschluss über die Situation geben. Babys fühlen sich instinktiv sicher oder unsicher, je nachdem wie die Menschen in ihrer Umgebung sich verhalten. Sie fangen an zu weinen, wenn sie andere Kinder weinen hören oder beginnen zu lachen, wenn sie ein freundliches Gesicht sehen.

Durch die Reaktion, die wir auf das kindliche Verhalten zeigen, können wir sein Wohlbefinden stark beeinflussen. Ein bekanntes Experiment zum Sozialverhalten von Säuglingen ist das still-face Paradigma. Dabei wird eine Mutter instruiert, mit ihrem Baby zu spielen und mit ihm zu kommunizieren. Das Kind reagiert auf die Bewegungen und die Gesichtsausdrücke der Mutter. Es sieht seiner Mutter in die Augen, winkt mit den Händen, macht Geräusche und lächelt, um sich mit ihr auszutauschen. Doch dann hört die Mutter plötzlich auf, auf das Baby zu reagieren. Ihr Gesichtsausdruck erstarrt. Nach nur wenigen Augenblicken verändert sich auch der Gemütszustand des Kindes. Das gerade noch fröhlich gurrende Kind versucht verzweifelt seine Mutter wieder in die Interaktion miteinzubinden. Es kreischt, zeigt auf Dinge und beginnt schließlich entmutigt zu weinen. Es dreht sich von seiner Mutter weg, um sich vor den negativen Emotionen zu schützen. Das Baby steht unter Stress und verliert die Kontrolle über seine Körperhaltung. Nach zwei Minuten wendet sich die Mutter ihrem Kind wieder liebevoll zu. Das Baby hört auf zu weinen und beginnt wieder mit ihr zu interagieren.

Dieses Experiment zeigt was für schwerwiegende Folgen eine unter Depressionen leidende Mutter auf die kindliche Entwicklung haben kann. Kinder sind in der Lage, die Emotionen ihrer Mitmenschen am eigenen Leib zu spüren. Sie brauchen positive Interaktionen, wollen verstanden und gehört werden. Auf die Emotionen und Expressionen seines Kindes zu reagieren ist daher unabdingbar in der Interaktion mit ihm. Wir sollten also schon unseren Kleinsten empathisch entgegentreten, damit sie lernen, auch die Emotionen und Bedürfnisse anderer Menschen richtig zu erkennen und ernst zu nehmen.

Als Empathie bezeichnet man die Bereitschaft und Fähigkeit, sich in die Einstellungen anderer Menschen einzufühlen.

Ein Kleinkind weiß noch nicht, dass sich seine Gedanken von denen seiner Mitmenschen unterscheiden. Dieses Wissen, das grundlegend dafür ist das Verhalten anderer vorherzusagen und zu interpretieren, entwickelt sich ungefähr im fünften Lebensjahr. Soziale Interaktion kann nur funktionieren, wenn wir wissen, dass jemand die Welt anders wahrnehmen kann als wir selbst. Diese Kenntnis wird als Theory of Mind bezeichnet. In einer klassischen Untersuchung wurde Kindern eine Geschichte über zwei Puppen erzählt, Sally und Ann. Sally hat eine Murmel, die sie in einem Korb versteckt. Daraufhin verlässt sie den Raum und Ann nimmt die Murmel aus dem Korb und versteckt sie in einer Box. Die Aufgabe des Kindes ist es nun zu wissen, wo Sally nach ihrer Murmel suchen wird. Wird sie in den Korb schauen oder wird sie die Murmel in der Box suchen?

Wir Erwachsenen wissen, dass Sally nicht ahnen kann, dass Ann die Murmel bewegt hat. Sally war nicht anwesend, als die Veränderung passierte. Für sie ist die Murmel immer noch im Korb, wo sie von ihr abgelegt wurde. Für Kinder ist diese Schlussfolgerung allerdings nicht so einfach. Ein 3-jähriges Kind wäre wahrscheinlich überzeugt davon, dass Sally sofort in der Box nach der Murmel suchen würde.

Sie können ihre eigenen Gedanken noch nicht von denen anderer abgrenzen.

Um ein Verständnis von dem zu bekommen, was andere denken und um zu erkennen, dass diese Gedanken von unseren eigenen abweichen können, braucht es eine Serie an komplexen Fähigkeiten, die sich erst mit der Zeit bei uns Menschen entwickeln. Wir sind mit den biologischen Grundlagen ausgestattet, Empathie zu empfinden aber wir müssen erst lernen, uns auch davon abzugrenzen, was andere fühlen.

Biologische Grundlagen von Empathie

In unserem Gehirn gibt es eine Vielzahl an Nervenzellen, die für unsere Wahrnehmung und unser Verhalten zuständig sind. Es gibt Systeme für Sprache, für Emotionen, für das Gedächtnis, für unsere Bewegungen, für das Rechnen und für unsere Sinne. All diese Systeme sind miteinander vernetzt und stehen im ständigen Austausch. Durch Lernprozesse nutzen wir einige Systeme in unserem Gehirn mehr als andere. Wenn wir ein Neuronensystem in unserem Gehirn wenig nutzen, wird es mit der Zeit verkümmern und sich nicht mehr weiterentwickeln. Das kann man ganz gut bei sich selbst beobachten. Ich habe zum Beispiel als Kind gelernt Klavier zu spielen. Obwohl ich mich keinesfalls als Virtuose am Klavier bezeichnet hätte, beherrschte ich die Grundlagen des Klavierspielens und konnte einige Stücke auswendig und fehlerfrei spielen. Nach ein paar Jahren gab ich das Klavierspielen jedoch auf und heute kann ich mich an keines der Stücke erinnern, die ich damals spielen konnte. Ich habe die Fähigkeit schlicht und einfach verloren, weil ich sie über einen langen Zeitraum nicht genutzt habe.

Als Babys besitzen wir eine Vielzahl an Neuronen, die wir im Erwachsenenalter nicht mehr haben. Wenn wir nicht aktiv gefordert und gefördert werden, diese Hirnareale zu nutzen, sterben die betroffenen Nervenzellen ab und wir verlieren die mit ihnen assoziierten Fähigkeiten.

Eine ganz besondere Art von Neuronen sind die Spiegelneuronen. Sie spielen eine große Rolle in der Entwicklung von Empathie. Mithilfe dieser Nervenzellen können wir Handlungen und Gefühle nachahmen und nachempfinden. Denken Sie zum Beispiel an einen lustigen Film oder ein lustiges Video. Bestimmt mussten Sie schon einmal laut loslachen, während Sie diesen Film sahen. Durch unsere Spiegelneuronen fühlen wir die gleichen Emotionen, wie die Schauspieler, die wir auf der Leinwand beobachten. Wir ahmen also die Gefühle anderer Menschen nach.

Eine weitere wichtige Struktur in unserem Gehirn zur Erkennung von Emotionen ist die Amygdala, auf Deutsch: der Mandelkern. Er ist Teil unseres limbischen Systems, welches für die Verarbeitung von Gefühlen zuständig ist. Das limbische System besteht aus vielen Strukturen. Störungen dieses Systems können zu schwerwiegenden Erkrankungen wie der bipolaren Störung, der Schizophrenie oder Alzheimer führen.

Die Amygdala spielt eine besondere Rolle im Erkennen von potentiell bedrohlichen Situationen. Mit Hilfe dieser Struktur bewerten wir die Situation und leiten die richtigen Schritte ein. Stellen Sie sich vor, Sie sehen einen Bären. Instinktiv werden Sie sich fürchten und entweder fliehen, in Schockstarre verfallen oder versuchen gegen den Bären zu kämpfen. Dieser Mechanismus wird auch aus Fight, Flight, Freeze Mechanismus bezeichnet und von der Amygdala initiiert. Er ist eine ganz automatische Antwort, auf die Furcht, die Sie beim Anblick des Bären empfinden. Nun stellen Sie sich vor, der Bär begegnet Ihnen nicht in freier Wildbahn, sondern befindet sich hinter einem festen Gitter in einem Zoo. In dieser Situation werden Sie sich wahrscheinlich nicht fürchten, es sei denn Sie leiden unter einer Bärenphobie. Die Situation wird von Ihrer Amygdala als nicht bedrohlich eingeschätzt, da der Bär Sie durch die Gitterstäbe nicht erreichen kann. Durch diese Bewertung unserer Umwelt können wir potentiellen Gefahren entkommen, in dem wir Situationen richtig einschätzen.

Wir betrachten den gesamten Kontext und unser Körper führt automatisch Reaktionen auf die Reize aus, die wir wahrnehmen.

Wir reagieren auf eine Bedrohung oft mit Erstarren. Dazu möchte ich Ihnen gerne ein Beispiel aus meiner Jugend erzählen. Ich kann mich noch ganz genau an einen Abend erinnern, an dem ich vor Schreck in eine Art Schockstarre verfiel. Ein Mädchen aus der Nachbarschaft und ich hatten, wie wir das so oft im Sommer taten, ein Zelt in unserem Garten aufgebaut und wollten in diesem Zelt übernachten. Wir verbrachten den Nachmittag damit, das Zelt aufzubauen und mit den nötigen Dingen auszustatten. Jede von uns brachte Decken, Kissen und Spiele mit, die uns die Zeit im Zelt angenehmer machen sollten. Es war schon relativ dunkel als ich die letzten Decken und Spiele in das Zelt bringen wollte. Ich ging gerade in Richtung Garten als ich jemanden an unserem Zelt stehen sah. Er ging langsam in die Knie und war gerade dabei den Reißverschluss des Zeltes zu öffnen. In meinen Kopf fing ich laut an zu schreien doch in dieser Schrecksekunde verstummte ich und verfiel in eine Schockstarre. Alles was ich in der Hand hielt, fiel hinunter auf den Boden. Ich konnte mich keinen Millimeter bewegen. Durch das Herunterfallen der Gegenstände bemerkte auch der ungebetene Gast meine Anwesenheit und verschwand durch die Hecke.

Durch diese unbewusste Reaktion des Erstarrens konnte ich mir Zeit verschaffen, um zu überlegen was meine nächsten Schritte sein sollten.

Das Wissen darüber, wie unser Körper ganz automatisch auf Reize reagiert, kann uns dabei helfen die Reaktionen anderer Menschen richtig einzuschätzen. Wenn wir sehen, wie jemand aus seinem Büro auf den Gang geht und plötzlich innehält und wieder umdreht, beobachten wir eine typische Reaktion von jemandem der entweder etwas vergessen hat und umdreht, um es aus dem Büro zu holen oder von jemandem der gerade etwas gesehen hat, was ihn erschreckt hat und er dreht um, weil er der vermeintlichen Bedrohung entkommen möchte. Die Person hat gerade einen typischen Schockmoment erlebt und verfiel für eine Sekunde in eine Starre, um über ihre nächsten Schritte nachdenken zu können. Je nachdem, was uns der Kontext über den Rest der Situation sagt können wir beurteilen, ob die Person etwas vergessen hat oder sich bedroht fühlt.

Es gibt allerdings noch eine Gehirnstruktur, die für unsere Empathiefähigkeit wichtig ist. Die Inselrinde. Sie liegt sehr versteckt in unserem Gehirn und ist eng verknüpft mit dem limbischen System. Wenn Sie also einen Film sehen, in dem sich jemand ekelt oder sich eine Verletzung zuzieht, ist genau dieses Areal dafür verantwortlich, dass Sie diese Gefühle nachempfinden können. Aber auch positive

Emotionen werden von der Inselrinde aufgeschnappt und mitgefühlt.

Nicht nur die Inselrinde spielt in unserer Gefühlswelt eine Rolle, das Hormon Oxytocin, auch als Kuschelhormon oder Liebeshormon bekannt, ist ebenfalls dafür verantwortlich, dass wir uns anderen verbunden fühlen. Es wird in großen Mengen von der Hirnanhangdrüse bei der Geburt und beim Stillen ausgeschüttet und sorgt dafür, dass sich eine Mutter fürsorglich um ihren Nachwuchs kümmert. Durch dieses Hormon werden auch noch viele weitere physiologische Reaktionen ausgelöst, wie zum Beispiel die Wehen. Es ist für unser Bindungs-, Paar- und Sexualverhalten zuständig.

Unserer Fähigkeit Empathie zu empfinden, liegt also ein weitreichendes System zugrunde welches aus unterschiedlichen Strukturen, Hormonen und Gehirnarealen besteht. Fehler in einem oder mehreren Bereichen dieses System können daher schwerwiegende Folgen für unser Sozialverhalten haben. Menschen die unter einer antisozialen Persönlichkeitsstörung, wie beispielsweise der Psychopathie leiden, weisen verringerte Verbindungen der Amygdala zum Präfrontalen Kortex auf. Der Präfrontale Kortex ist für das Schuldempfinden und ebenfalls für Empathie zuständig. Die Amygdala, wie vorhin schon erwähnt, für Furcht, Angst und das Erkennen bedrohlicher Situationen. Menschen, die an so einer Störung leiden, verspüren also weniger Angst, können sich schlechter in andere Menschen hineinfühlen und haben außerdem ein verringertes Schuldgefühl. Sie können Emotionen richtig deuten und einschätzen, aber ihnen fehlt die grundlegende Fähigkeit sie nachzuempfinden.

Viele Menschen mit antisozialer Persönlichkeitsstörung neigen außerdem dazu, ihr Gegenüber zu manipulieren. Dieses Werkzeug der menschlichen Kommunikation wird von ihnen dafür eingesetzt, das Vertrauen anderer Menschen zu gewinnen. Mit Charme schaffen sie es, ihre Mitmenschen von sich zu überzeugen und auf ihre Seite zu ziehen. Diese psychologische Manipulation begegnet uns aber auch in vielen Alltagssituationen. Lassen Sie uns also das Phänomen der Manipulation genauer betrachten.

Was ist Manipulation?

Ein besonderer Bestandteil der Kommunikation ist die Manipulation. Laut Joseph Kirschner gibt es keine Kommunikation ohne Manipulation. Das ist für uns fast unvorstellbar, da Manipulation eine sehr negative Konnotation hat und wir durch Hollywood Filme oft mit manipulierenden Psychopathen und Serienmördern konfrontiert werden. Doch nicht jede Art der Manipulation ist negativ. Ich würde sogar behaupten, dass Sie selbst oft

Menschen manipulieren, indem Sie versuchen Gespräche in eine bestimmte Richtung zu lenken, von der Sie sich einen Vorteil erhoffen. Stellen Sie sich vor, Sie gehen in eine Bäckerei. Je nachdem, in welche Richtung Sie das Gespräch gerne lenken möchten, werden Sie den Verkäufer oder die Verkäuferin anders ansprechen. Sagen Sie zum Beispiel: „Guten Tag, ich brauche einen Laib Brot", sind Sie eventuell nicht so sehr am zwischenmenschlichen Austausch mit dieser Person interessiert. Der Mitarbeiter oder die Mitarbeiterin der Bäckerei wird das wahrscheinlich richtig deuten und sie nicht mit Small Talk belästigen, während sie Ihnen das Brot einpackt. Sie haben daher das Gespräch in die von Ihnen gewollte Richtung gelenkt. Sie könnten aber auch sagen: „Guten Tag! Es riecht wunderbar nach frischem Brot hier. Haben Sie vielleicht noch einen Laib frischgebackenes Bauernbrot?". Sie schmücken Ihre einfache Bitte aus und symbolisieren so, dass Sie offen für einen sozialen Austausch sind.

Manipulation bedeutet etwas selbst zu tun, es nicht dem Zufall zu überlassen. Durch Manipulation können wir soziale Situationen kontrollieren.

Aber was bedeutet Manipulation eigentlich? Der negativ behaftete Begriff Manipulation bedeutet eigentlich etwas selbst zu tun, es nicht dem Zufall zu überlassen. Laut Paul

Watzlawick, über dessen Theorien wir in diesem Buch später noch ausführlicher sprechen werden, kann man nicht „nicht manipulieren" genauso wie man nicht „nicht kommunizieren" kann. Hinter jedem Gespräch steckt eine Botschaft oder ein Appell an das Gegenüber. Wir wollen etwas erreichen mit den Worten, die wir anderen sagen. Diese Ziele können sehr unterschiedlich sein und sind in den meisten Fällen harmlos. Menschen wollen ihre Gefühle zum Ausdruck bringen oder anderen Pläne mitteilen. Oft sind es aber auch die ungesagten Worte, das was zwischen den Zeilen steht, was andere zu einer Handlung zwingt. In der Politik und der Werbung wird Manipulation häufig eingesetzt, um Menschen zu einer Handlung zu überreden. Politiker möchten uns davon überzeugen, dass sie die richtige Person sind, um unsere Interessen zu vertreten. Firmen setzten auf Manipulationstechniken damit wir ihr Produkt kaufen. Jedoch ist manipuliert zu werden kein angenehmes Gefühl. Vor allem, wenn man sich der Manipulation nicht bewusst ist. Wenn durch manipulative Worte versucht wird, den anderen von einem Vorhaben zu überzeugen, welches für ihn negative Konsequenzen haben kann, so sprengt dies den Rahmen unserer sozialen Richtlinien. Dieses amoralische Verhalten ist es, was die meisten Menschen unter Manipulation verstehen.

Es gibt also verschiedene Arten der Manipulation. Sehen wir uns diese anhand eines Beispiels genauer an:

Martina möchte gerne auf die Party eines Freundes gehen doch ihr Mann Tom möchte lieber zum Grillfest einer seiner Freunde. Tom könnte folgende Strategien anwenden, um Martina davon zu überzeugen, mit ihm auf das Grillfest zu gehen:

- ☑ Er könnte die Vorteile der Grillfeier übertrieben hervorheben und die Nachteile herunterspielen. Er könnte ihr zum Beispiel sagen, dass der Ort der Grillfeier viel näher an ihrem zu Hause liegt und sie so leichter nach Hause kommen würden.

- ☑ Tom könnte Martina Schuldgefühle einreden. Er könnte zum Beispiel hervorheben, dass die Grillfeier schon viel länger geplant war und sie schon vor Ewigkeiten zugesagt hatten. Jetzt abzusagen würde unhöflich erscheinen.

- ☑ Er könnte hervorheben, dass der Besuch der Party ihres Freundes sie vor ihrem restlichen Freundeskreis lächerlich machen würde.

- ☑ Er könnte etwas sagen, wodurch sie sich schlecht fühlt und an sich selbst zweifelt. Dann kann er den gemeinsamen Besuch der Grillfeier als die Wahl hervorheben, die ihr helfen wird, sich wieder besser zu fühlen.

- ☑ Er könnte ihr einen kleinen Gefallen tun bevor er sie bittet sie zu begleiten. dadurch fühlt sie sich vielleicht gezwungen ihm auch einen Gefallen zu tun. (Wird in der Sozialpsychologie auch als Fuß-in-der-Tür Technik bezeichnet.)

- ☑ Er könnte sie dazu bringen, an ihrer eigenen Entscheidungsfähigkeit zu zweifeln, sodass sie auf seine Entscheidungsfähigkeit angewiesen ist.

- ☑ Tom könnte ihr auch zu verstehen geben, dass er beleidigt und generell unangenehm werden würde, wenn sie auf die Party gehen würde, anstatt ihn zu begleiten.

Sie sehen also, Manipulation kann viele Formen annehmen und manche davon sind verwerflicher als andere. In vielen Berufen ist jemanden zu manipulieren eine wichtige Taktik, um an Informationen kommen. Polizisten verwenden zum Beispiel während Verhören unterschiedliche Techniken, die den Beschuldigten dazu bringen sollen zu gestehen. Sie isolieren verdächtige Personen, lösen Stress aus und heben die Vorteile eins Geständnisses hervor. Der Verhörraum ist eine Form der Isolation. Oft werden Verdächtige eine Zeit im Verhörzimmer allein gelassen. So werden sie isoliert und fühlen sich einsam und unwohl. Dieser hervorgerufene psychologische Stress kann jemanden der schuldig ist dazu bringen, seine Taten zu gestehen, um der Situation zu entkommen.

Als nächstes können Polizisten den vermeintlichen Täter mit den Fakten konfrontieren. Dadurch werden bei der Person Gefühle von Hilflosigkeit ausgelöst. Sie weiß, dass lügen keinen Sinn mehr hat und ein Geständnis vermutlich die bessere Wahl wäre. Die Fakten, die der Polizist vorlegt, können dabei aber auch komplett fabriziert sein.

Da die Taktiken, die die Polizei anwendet, dazu führen Kriminelle zu überführen sind sie auch nicht unmoralisch. Der Zweck heiligt bekanntlich die Mittel.

Subtilere Arten von Manipulation begegnen uns auch in der Werbung, in der Partnerschaft und im Beruf. Personen, die sehr manipulativ sind, gehören oft einer Gruppe von Persönlichkeitstypen an, die man die dunkle Triade nennt.

Die dunkle Triade

Differentialpsychologen sprechen oft von verschiedenen Persönlichkeitstypen. Personen, die zu Manipulation neigen, gehören dabei häufig einem Konzept von Persönlichkeitsmerkmalen an ,das sich die dunkle Triade nennt. Dazu gehören nicht-klinisch relevante Ausprägungen von Narzissmus, Machiavellismus und Psychopathie. Mittlerweile spricht man auch noch von einer vierten Eigenschaft, dem Sadismus. Diese Verhaltensmuster können alle gemeinsam bei einer Person auftreten oder nur einzeln. Sehen wir uns genauer an, was diese Persönlichkeitseigenschaften bedeuten.

☑ Narzissmus

Heutzutage ist die Diagnose von Narzissmus schon fast zur Volkswissenschaft geworden. Ich höre häufig von Freunden und Bekannten, dass ihr Partner oder Vorgesetzter ein Narzisst sein muss, wenn er sich fragwürdig verhält. Auch großes Selbstbewusstsein wird oft fälschlicherweise als Narzissmus missverstanden. Einige Psychologen sind sogar der Meinung, dass jede Person narzisstische Persönlichkeitsanteile hat, welche mal mehr und mal weniger stark ausgeprägt sein können. Wie beim Autismus gibt es auch beim Narzissmus ein Spektrum.

„Echte" Narzissten haben allerdings häufig ein sehr geringes Selbstbewusstsein. Sie bewundern eher ein falsches Bild von sich selbst, dem sie nicht entsprechen. Um dieses Bild aufrecht zu erhalten, tun sie alles was notwendig ist und suchen sich gezielt Menschen, die sie zu diesem Zwecke benutzen können.

Ich rate sehr davon ab, Menschen zu diagnostizieren, wenn man nicht über die notwendige Ausbildung und Expertise dafür verfügt. Anstatt jemandem vorzuwerfen er sein ein Narzisst, sprechen Sie lieber direkt die Verhaltensweise an, die Sie an ihm stört.

☑ Machiavellismus

Beim Machiavellismus geht es hauptsächlich um Macht. Beziehungen zu anderen Menschen sind Personen mit dieser Persönlichkeitsausprägung gleichgültig. Sie wollen Großes erreichen, versuchen mit allen Mitteln an die Macht zu kommen und diese zu halten. Seine Ursprünge hat diese Eigenschaft bei Niccolo Machiavelli, einem italienischen Schriftsteller aus dem 16. Jahrhundert.

In einer Studie von Effler aus dem Jahre 1983 fand man heraus, dass Studenten mit hoher Ausprägung an Machiavellismus, materielle und gesellschaftlich hoch angesehene Dinge mehr schätzen als soziale Beziehungen zu Freunden und Studienkollegen. Sie sahen sich auch eher in Berufen, in denen sie viel Geld verdienen konnten und weniger in solchen, die dem Allgemeinwohl dienen.

☑ Psychopathie

Weiter oben haben wir schon einmal über Personen gesprochen, die eine psychopathische Persönlichkeitsausprägung besitzen. Da ihre Amygdala, das Zentrum für Angst in unserem Gehirn, weniger Aktivität aufweist als bei anderen Menschen, haben diese Personen keinen Sinn für Konsequenzen, was sie unberechenbar machen kann. Sie sind außerdem egoistisch und impulsiv. Ihr oberflächlicher Charme macht sie anderen Menschen zugänglich, weswegen sie häufig gut sozial vernetzt sind. Personen in Führungspositionen weisen oft psychopathische Tendenzen auf. Sie können hier ihr autoritäres Verhalten ausleben. Nicht alle Psychopathen neigen also zu Gewalttaten, ein Großteil kommt gut in der Gesellschaft zurecht. Vielleicht kennen Sie ja die Geschichte des Neuropsychologen James Fallon, der durch seine Arbeit herausgefunden hat, dass er selbst die Gehirnstrukturen eines Psychopathen aufweist. Nachdem er seinen Freunden und seiner Familie von seiner Entdeckung erzählt hat, war er sehr verwundert darüber, wie wenig sie diese Information erstaunte. Sie erzähltem ihm viele Beispiele, in denen er sich egoistisch verhalten hatte und andere sogar in Gefahr gebracht hatte, ohne es selbst zu merken. Sie sehen also, Psychopathen gibt es in allen Formen und Farben.

☑ Sadismus

Als Sadisten bezeichnet man Menschen, die Spaß daran haben anderen Leid zuzufügen. Sadismus wird dabei oft durch sexuelle Handlungen ausgelebt. Wissenschaftler vermuten, dass Personen, die in ihrer Kindheit häufig sadistischen Handlungen ausgesetzt waren, dieses Verhalten lernen und später selbst Freude an den Schmerzen anderer haben. Wenn jemand Spaß daran hat sich selbst Schmerzen zuzufügen bezeichnet man das übrigens als Masochismus.

Zum Schluss möchte ich Ihnen noch eine kleine Bemerkung mit auf den Weg geben, damit Sie dieses Kapitel nicht falsch verstehen. Dies soll nämlich keinesfalls eine Anleitung zur Manipulation sein, sondern eher eine Erklärung der verzerrten Grenzen zwischen Kommunikation und Manipulation. Man sollte also die Manipulation nicht als Instrument des Bösen sehen. Es geht eher darum zu verstehen, dass Manipulation in Gesprächen unabdingbar ist.

KOMMUNIKATIONSMODELLE

Es gibt einige Modelle, die sich als sehr brauchbar in der Kommunikation herausgestellt haben. Zu den wichtigsten Modellen zählen:

- ☑ 4 Ohren Modell
- ☑ Sender-Empfänger Modell
- ☑ Eisbergmodell
- ☑ Organon Modell
- ☑ Transaktionsanalyse
- ☑ 5 Axiome der Kommunikation

Das 4 Ohren Modell

Eines der bekanntesten ist das 4 Ohren Modell, entwickelt von Friedemann Schulz von Thun. Es wird auch als 4 Seiten

Modell, Nachrichtenquadrat oder Kommunikationsquadrat bezeichnet.

Anhand von einem Beispiel möchte ich die 4 Botschaften, die laut Schulz von Thun in jeder Nachricht versteckt sind, hier erklären. Stellen wir uns vor, wir sitzen mit unserem Partner im Auto und bemerken, dass das Geschwindigkeitslimit überschritten wurde. Auf der ersten Ebene, der Sachebene, könnten wir sagen: „Du fährst 60 km/h, das sind 10 km/h zu viel." Wir kommunizieren also ganz sachlich, dass unser Partner gerade schneller fährt, als vom Gesetz erlaubt. Auf der nächsten Ebene, der selbstoffenbarenden Ebene, erklären wir unserem Gegenüber wie wir uns aufgrund seiner Handlungen fühlen: „Ich habe Angst, wenn du so schnell fährst." Wir geben also etwas von uns Preis. Wir lassen den Anderen in unsere Gefühlswelt hineinblicken. Auf der Beziehungsebene sagen wir: „Ich bin ein besserer Fahrer als du!" Wir vergleichen uns mit der anderen Person und setzen uns mit ihr in Beziehung. Auf der Appellebene möchten wir eine Änderung im Verhalten erreichen. Wir sagen daher: „Bitte fahr langsamer!".

Im Überblick sehen die 4 Ebenen der Kommunikation also so aus:

1. Sachebene

2. Selbstkundgabe

3. Beziehungsebene

4. Appellebene

Hinter diesen Ebenen stehen wichtige Fragen der Kommunikation. In diesem Quadrat sieht man sehr übersichtlich was der Empfänger der Nachricht aus diesem Gespräch herauslesen kann:

Worüber spricht die Person?	Was sagt die Person über sich selbst?
Wie steht die Person zu mir?	Was möchte die Person von mir?

Das oben beschriebene Beispiel könnte aber von der Person, die die Nachricht empfängt, auch komplett anders aufgefasst werden. Schlussendlich hängt es von ihr ab, wie eine Botschaft enkodiert wird. Sehen wir uns das Beispiel noch einmal anders an:

Auf der Sachebene ist die Botschaft die gleiche: „Du fährst 60 km/h, das sind 10 km/h zu viel." Auf der Ebene der Selbstkundgabe sieht sie aber schon ganz anders aus: „Ich genieße schnelle Geschwindigkeiten." Wir sehen also, dass hier das komplette Gegenteil kommuniziert wird. Auf der Beziehungsebene sagen wir: „Du fährst besser als ich, du fährst schneller als ich." und auf der Appellebene: „Kannst du nicht noch schneller fahren?".

Welche Faktoren beeinflussen also, wie unser Gegenüber das Gesprochene aufnimmt? Hierbei ist Kontext enorm wichtig. Der Gesprächspartner baut auf sein Vorwissen über uns auf und leitet daraus die Bedeutung der Nachricht ab. Wenn die Person, mit der wir sprechen, aus einem anderen Kulturkreis stammt und eventuell sogar eine andere Muttersprache hat, kann es zu Missverständnissen kommen.

Je nachdem, welche Gewichtung unser Gegenüber den einzelnen Ebenen gibt kann es zu Streit und Missverständnissen kommen. Wenn wir uns das Beispiel mit der Geschwindigkeitsübertretung noch einmal ansehen, wird klar, dass jemand der der Beziehungsebene am meisten Wichtigkeit zuschreibt, eventuell beleidigt sein könnte, wenn er heraushört, dass der andere ihn für einen schlechten Fahrer hält.

Die grundlegende Fähigkeit der Empathie ist also mindestens genauso wichtig, wie die richtigen Techniken der Kommunikation zu kennen. Wir müssen in der Lage sein, uns in den anderen hineinzuversetzen, um ihn richtig verstehen zu können. Am besten haben wir auch ein Vorwissen über die Person, um ihre Botschaften entschlüsseln zu können.

Sender- Empfänger Modell

Claude E. Shannon und Warren Weaver waren eigentlich Mathematiker. Sie suchten nach einer Erklärung für die Kommunikation über das Telefon. Das Modell, welches sie Sender-Empfänger Modell nannten, konnte aber auch auf die persönliche Kommunikation angewandt werden und entwickelte sich so zu einem der wichtigsten Modelle in der Kommunikationspsychologie. Dadurch, dass die beiden Wissenschaftler Mathematiker waren, ist das Modell auch sehr pragmatisch und mathematisch gehalten. Der Sender muss seine Nachricht, die zuerst nur in seinem Kopf als Gedanke besteht, codieren, um sie an den Empfänger weiterzuleiten. Das heißt also, der Sender muss seine Gedanken in gesprochene oder geschriebene Worte umwandeln. Er wandelt seine Botschaft aber auch durch seine Körperhaltung, seine Mimik und Gestik und seine paraverbale Kommunikation um, also Artikulation, Tonfall, Stimmlage, Sprechpausen, Sprechtempo und Laustärke.

Lassen Sie mich dieses Modell anhand eines Beispiels erklären. Stellen Sie sich vor, Sie sind in einer Bar mit ein paar Freunden und möchten an die Theke gehen, um sich ein Getränk zu bestellen. Sie sagen zu Ihren Freunden: „Ich gehe an die Theke.“. In diesem Fall sind Sie der Sender und Ihre Freunde sind die Empfänger. Sie haben Ihre Gedanken und Ihr Vorhaben codiert und sie an Ihre Freunde geschickt. Ihre Freunde, nehmen die Botschaft auf und dekodieren sie richtig. Vielleicht sagt einer Ihrer Freunde, dass er mitkommt, um sich ebenfalls ein Getränk zu holen. Er reagiert also auf Ihre Nachricht und sendet selbst eine Nachricht ab.

Das Sender-Empfänger Modell beschränkt sich dabei nicht auf einen Kommunikationskanal. Egal, ob Sie mit jemandem telefonieren, eine SMS oder einen Brief schreiben, oder ob Sie persönlich mit dem Empfänger im gleichen Raum sind, die Dekodierung und Codierung findet immer gleich statt.

Wir können zwischen verschiedenen Arten der Kommunikation unterscheiden. Diese Arten, sehen nicht auf allen Kanälen gleich aus.

- ☑ Verbale Kommunikation:
    - gesprochene Kommunikation
    - geschriebene Kommunikation

- ☑ Nonverbale Kommunikation:
    - Mimik

- Gestik
- Körperhaltung

☑ Paraverbale Kommunikation:

- Artikulation
- Tonfall
- Laufstärke
- Stimmlage
- Sprechtempo
- Sprechpausen

Wir können die verbale Kommunikation auf das „Was" der Botschaft reduzieren. Was möchte ich meinem Gegenüber mitteilen? Es ist also die sachlichste Ebene der Kommunikation.

Die nonverbale und paraverbale Kommunikation beschreibt das „Wie" unserer Nachricht. Wie fühle ich mich, wenn ich diese Nachricht sende? Welche Emotionen sind in meiner Botschaft versteckt? Im oben beschriebenen Beispiel könnten Sie zum Beispiel einen genervten Gesichtsausdruck haben. Vielleicht gehen Sie an die Theke, weil Sie nicht einverstanden sind mit dem, was Ihre Freunde gerade gesagt haben. Vielleicht möchten Sie lieber nichts zu diesem Thema sagen.

Sie könnten aber auch euphorisch an die Theke tänzeln und dabei wild mit den Händen wackeln, weil Sie gute Laune haben und sich wohl fühlen. Mit jeder Art der Kommunikation, sowie jeder Bewegung, geben Sie etwas über sich selbst preis.

Schweigen kann dabei genauso aufschlussreich sein wie Ihre Worte. Wie im oben beschriebenen 4 Ohren Modell geht es dabei nicht nur um Sie selbst, sondern auch um die Einstellung zu Ihrem Gesprächspartner. Sie kommunizieren immer auch auf der Beziehungsebene und können dem anderen zu verstehen geben, dass Sie ihn spannend oder langweilig finden.

Wenn wir jemandem eine Textnachricht schreiben, spielen nonverbale und paraverbale Botschaften keine so große Rolle. Durch den Einsatz von Emojis und Blockschrift kann man Gefühle ein bisschen besser zum Ausdruck bringen und deuten, aber die Kommunikation verändert sich trotzdem grundlegend und beschränkt sich auf eine kleinere Anzahl an Kommunikationskanälen. Auch während eines Telefonats kann man paraverbale und verbale Kanäle nutzen. Die nonverbale Kommunikation kann ebenfalls gedeutet werden, ein Lächeln ist zum Beispiel auch über das Telefon erkennbar, denn dadurch verändert sich die Artikulation des Sprechers.

Aber auch in diesem Modell werden Fehler in der Übertragung der Nachricht miteinbezogen. In unserem vorherigen Beispiel könnte der Lärm in der Bar zu Störungen führen. Sie haben doch bestimmt auch schon mal Probleme damit gehabt, andere zu verstehen, wenn Sie sich in einer sehr lauten Umgebung befanden. In der Bar gibt es wahrscheinlich Musik und es sind viele Menschen anwesend, die alle miteinander sprechen. Stellen Sie sich vor, Ihr Gesprächspartner spricht noch dazu eine andere Sprache als Sie. Missverständnisse sind dadurch beinahe vorprogrammiert. Weitere Gründe für Fehler in der Nachrichtenübertragung sind unterschiedliche Kulturen, Mehrdeutigkeit der Nachricht oder unzureichende Aufmerksamkeit des Empfängers.

Eisbergmodell

Das Eisbergmodell basiert auf dem Strukturmodell der Psyche von Sigmund Freud. Freud war ein österreichischer Psychoanalytiker, dessen Theorien bis heute heiß diskutiert und analysiert werden. Sein Strukturmodell, oder Drei-Instanzen-Modell, teilt die Psyche eines Menschen auf 3 verschiedene „Ichs" auf: Das erste „Ich", welches das tatsächliche Handeln eines Menschen steuert, hält die Waage zwischen den anderen zwei Instanzen, dem „Über-

Ich" und dem „Es". Das „Über-Ich" fungiert als Richter und Gewissen eines Menschen und das „Es" agiert aus Bedürfnissen und Impulsen heraus. Das „Es" und das „Über-Ich" sind daher unterbewusste Instanzen und das „Ich" ist das bewusste Handeln der Person.

Laut dem Eisbergmodell kann man sich die Ebenen der Kommunikation bildlich vorstellen. Dabei befinden sich nur ca. 20% der Kommunikation über dem Wasser, sie sind als Spitze des Eisbergs sichtbar. Dazu zählen alle bewussten, sprachlichen Ausdrücke, mit denen Sie sich mit ihren Mitmenschen verständigen. Die restlichen 80% sind unter Wasser und daher unbewusst. Wir drücken sie mit Hilfe der Mimik und Gestik aus. Ihre Gefühle, Motive und Werte werden dadurch vermittelt. Man kann also die menschliche Kommunikation in zwei Ebenen einteilen, eine Sachebene (Sprache, Informationen, verbale Kommunikation) und eine Beziehungsebene (Mimik, Gestik, Körperhaltung, Körpersprache, Artikulation, Tonfall).

Wie im freudschen Modell, kann man die Beziehungsebene noch einmal auf zwei Instanzen aufteilen. Eine vorbewusste Ebene, sie wird von Gefühlen und der Persönlichkeit geleitet, und eine unbewusste Ebene, die von instinktivem Verhalten beeinflusst wird.

Organon Modell

Das Organon Modell wurde von Karl Bühler entwickelt und beschreibt die linguistische Kommunikation und ihre Mittel. In diesem Modell wird die Sprache als Werkzeug angesehen, welches wichtig ist, damit der Sender dem Empfänger einen Sachverhalt vermitteln kann.

Auch hier gibt es also 3 Teile, den Sender, den Empfänger und den Sachverhalt. Die sprachlichen Zeichen, die dadurch vermittelt werden, sind die Grundlage der Kommunikation. Sie können 3 Formen annehmen: eine Ausdrucksform, eine Darstellungsform und eine Appellfunktion. Die Ausdrucksform beschreibt, was wir sagen und was wir mit dieser Aussage von uns preisgeben. Der Sender drückt seine Gefühle, oder ein Symptom, aus. Er sagt zum Beispiel: „Mir ist kalt".

Die Darstellungsform steht als Symbol für das, was die Person beschreiben möchte. Sie könnte sagen: „Auf der Couch liegt eine Decke."

Die Appellfunktion gibt dem Empfänger ein Signal, etwas zu tun. „Bring mir die Decke", wäre so ein Appell.

Dieses Modell bezieht also hauptsächlich die verbale, gesprochene Sprache mit ein und all das, was wir mit den

Ohren hören. Die Körpersprache und Bewegungen spielen keine so große Rolle.

Transaktionsanalyse

Eric Berne war ein Psychiater, der sich an den Ideen von Sigmund Freud orientierte. In seiner Transaktionsanalyse beschreibt er die menschliche Kommunikation als Transaktion. Informationen werden von einer Partei zur anderen weitergegeben. Die Persönlichkeit der Interaktionspartner spielt dabei eine sehr große Rolle. Sie kann in 3-Ich Zustände eingeteilt werden:

- ☑ das Eltern Ich
- ☑ das erwachsene Ich
- ☑ das kindliche Ich

Das Eltern-Ich orientiert sich am Verhalten der Vertrauensperson aus der Kindheit einer Person. Wie eine Mutter oder ein Vater kritisiert, lobt und erzieht es. Es ist die moralische Instanz, die uns zurechtweist, wenn wir vom Weg abgekommen sind.

Das Erwachsenen-Ich orientiert sich nicht an der Vergangenheit, es lebt für die Gegenwart. Wenn wir uns im Zustand des Erwachsenen-Ich befinden, kommunizieren wir respektvoll miteinander. Wir schlagen nicht über die Stränge und sind nicht durch frühere Erlebnisse vorbelastet.

Das Kind-Ich benimmt sich häufig wie ein 3-jähriger, der keine Schokolade bekommt. Es ist trotzig und verhält sich irrational. Es wird eventuell mit Gegenständen werfen oder sogar jemanden schlagen. Dieser Zustand wird von den Erlebnissen unserer Kindheit beeinflusst. Wenn wir viele negative Erfahrungen in der Kindheit gemacht haben, befinden wir uns eventuell häufig im kindlichen Zustand und handeln so, wie wir es auch als Kinder getan hätten.

Menschen kommunizieren also laut Eric Berne, je nachdem in welchem Zustand sie sich gerade befinden. Stellen Sie sich vor, sie werden im Zuge einer Verkehrskontrolle aufgehalten. Der Polizist bittet Sie um Ihre Fahrzeugpapiere und Sie bemerken, dass Sie Ihren Führerschein vergessen haben. Wenn Sie sich gerade im kindlichen-Ich befinden und dieses eher rebellisch-trotzig ist, könnten Sie folgendes sagen: „Es ist doch nicht so schlimm mal etwas zu vergessen. Ich werde die Strafe mit Sicherheit nicht bezahlen. Lassen Sie mich in Ruhe.“.

Sie könnten aber auch mit dem Erwachsenen-Ich antworten und sagen: „Ich hätte meinen Führerschein nicht vergessen dürfen. Ich werde die Konsequenzen dafür tragen und die Strafe bezahlen."

Möglicherweise, sitzt neben uns unser Partner der aus seinem Eltern-Ich kritisch anmerkt: „Na toll, jetzt kannst du die Konsequenzen für dein Fehlverhalten tragen. Nächstes Mal solltest du lieber kontrollieren, ob du deinen Führerschein eingepackt hast."

Das Wissen über die verschiedenen Zustände, in denen sich Menschen befinden können, kann uns dabei helfen ihr zukünftiges Verhalten besser vorherzusagen. Wenn ich bemerke, dass jemand aus dem Kind-ich heraus agiert, kann ich davon ausgehen, dass er eher zu spontanen und impulsiven Handlungen neigen wird. Das Erwachsenen-ich stellt den Idealzustand in der Kommunikation dar. In Gesprächen mit anderen Personen sollten wir also stets versuchen sachlich zu bleiben und dem anderen mit Respekt zu begegnen.

5 Axiome der Kommunikation

In der Einleitung sind wir dem Entdecker dieser Grundregeln der Kommunikation schon einmal kurz begegnet. Paul

Watzlawick war es wichtig, feste Regeln aufzustellen, um Missverständnisse und Fehler in der Kommunikation zu vermeiden. Für ihn ging es beim Sprechen immer darum, in welcher Beziehung die Gesprächspartner zueinanderstehen. Kein Informationsaustausch ist rein sachlich. Kommunikation geschieht immer aus einem Zusammenspiel aus Ursachen, Beziehungen und Gefühlen heraus, die entweder im Gleichgewicht oder im Ungleichgewicht sind.

Das erste seiner Axiome ist wohl eines der bekanntesten Zitate aus der Kommunikationspsychologie.

Man kann nicht nicht kommunizieren.

Das bedeutet, man spricht immer, auch wenn man nichts sagt. Wir kommunizieren viel mehr mit unserer Körpersprache als mit Worten. Erinnern Sie sich an das Beispiel mit dem Mann im Wartezimmer. Durch unsere Körperhaltungen und Bewegungen können wir Geschichten erzählen, auch wenn wir das gar nicht möchten.

Jede Kommunikation hat einen Inhalts- und einen Beziehungsaspekt.

Diese Regel besagt, dass alles was wir sagen eine Information in sich trägt und, dass die Art wie wir etwas sagen Aufschluss darüber gibt, wie wir zu unserem

Gegenüber stehen. Wenn Sie beispielweise die Idee eines Mitarbeiters während eines Meetings abwerten, weil Sie ihn nicht mögen, äußern Sie ihre Beziehung zu diesem Mitarbeiter. Durch ihren Tonfall und Ihre Artikulation geben Sie preis, dass Sie eine Abneigung gegenüber dieser Person empfinden. Jede Information enthält also auch eine Beziehungskomponente.

Kommunikation ist immer Ursache und Wirkung.

Das, was Sie einem anderen Menschen sagen, kann die Ursache seiner Reaktion sein. Wenn Sie einem Mitmenschen eine schlimme Nachricht überbringen, und dieser daraufhin anfängt zu weinen, ist ihre Kommunikation verantwortlich für seine Reaktion. Diese Reaktion ist dabei ebenfalls wieder ein Reiz, der bei Ihnen eine Reaktion auslösen kann. Die Kommunikation funktioniert also in einem Kreislauf ohne Ende und Anfang.

Menschliche Kommunikation bedient sich analoger und digitaler Modalitäten.

Unter analogen Modalitäten versteht Watzlawick die nonverbalen Äußerungen. Sie vermitteln den Beziehungsaspekt der Nachricht. Digitale Modalitäten sind die sprachlichen Aussagen. Durch sie werden Informationen weitergegeben.

Kommunikation ist symmetrisch oder komplementär.

Wir können mit unserem Gegenüber gleichauf sein oder ihm unter- oder übergeordnet sein. Wenn die Kommunikation symmetrisch ist, ist keiner der Partner stärker oder schwächer. Sie kommunizieren miteinander auf Augenhöhe. Oft tritt dieses Verhalten bei Personen auf, die einander sehr vertraut sind. Man beobachtet dann auch spiegelndes Verhalten, bei dem beide Personen sich gegenseitig nachahmen. Die beiden Parteien ergänzen einander und stehen in einem Wechselspiel.

Herrscht allerdings ein Ungleichgewicht zwischen den Kommunikatoren, kann es vorkommen, dass sie versuchen wollen einander zu übertrumpfen. Diese Art von Verhalten entsteht oft aus Problemen, die es zu lösen gilt.

In Beziehungen kann man häufig komplementäre Kommunikation beobachten, wenn ein starker Unterschied zwischen den Personen besteht. Beispielweise bei Müttern und Kindern. Die Mutter ist der stärkere Part und das Kind unterliegt ihr. Das Verhalten des Kindes wird von der Mutter ergänzt und umgekehrt.

EXKLUSIVER BONUS

HÖRBUCH GRATIS ERHALTEN

Das 1x1 der Manipulation

Halten Sie Ihre Handykamera einfach auf den QR Code
und kommen Sie so zu dem Gratis-Download:

QR-Code mit Kamera scannen und
GRATIS Bonus erhalten:

KOMMUNIKATIONSTECHNIKEN

Vielleicht haben Sie sich schon einmal gefragt was Sie tun können, um Ihre sozialen Interaktionen zu optimieren. Die gute Nachricht ist, es gibt tatsächlich Strategien, die man erlernen kann, um besser zu kommunizieren. Die schlechte Nachricht ist, alte Verhaltensmuster zu durchbrechen ist nicht immer einfach. Noch dazu geschieht ein Großteil unserer Kommunikation aus einer unbewussten Reaktion auf einen Reiz heraus. Man muss sich also erstmal bewusstwerden, was die Auslöser einer Reaktion sind. Wenn ich weiß, dass jemand gereizt reagiert, weil er den Bus verpasst hat, zur spät zur Arbeit gekommen ist und von seinem Chef Ärger bekommen hat, werde ich anders mit ihm kommunizieren, als wenn ich diese Gründe nicht kenne. Kommunikationstechniken sind also keine universell gültigen Regeln. Vielmehr hängen sie vom Kontext der Situation ab. Die nachfolgenden 6 Tipps zur Kommunikationsverbesserung sollten Sie daher immer vor dem Hintergrund der Begleitumstände betrachten.

Aktives Wahrnehmen

Es ist wichtig seinem Gegenüber aktiv zuzuhören, wenn er spricht. Aber nicht nur mit den Ohren sollten wir aktiv wahrnehmen, auch durch unsere übrigen Sinne können wir kommunizieren. Um andere zu verstehen und ihre Körpersprache richtig deuten zu können müssen wir sie aktiv beobachten, und zwar mit all unseren Sinnen. Ein Geruch, kann uns oft verraten wo sich eine Person aufgehalten halt. Riechen wir zum Beispiel ein bestimmtes weibliches Parfüm, könnte das bedeuten, dass diese Person sich in der Nähe einer Frau aufgehalten hat, die dieses Parfüm trägt. Diese subtile Information hilft uns, uns auf das Gespräch vorzubereiten. Wenn ich die Person jetzt frage wo sie war, kann mir ihr Geruch einen Hinweis darauf geben, ob ihre Antwort der Wahrheit entspricht oder nicht.

Wenn wir mit unserem Sehsinn die feinen Bewegungen unseres Gesprächspartners beobachten, kann uns das viel über seinen Gemütszustand verraten. Wir können an der Haltung von Menschen auch herauslesen ob diese uns mögen oder nicht. Begrüßt uns zum Beispiel jemand mit angewinkelten Armen oder verschränkt er gar die Arme hinter dem Rücken, bedeutet das, dass er uns nicht sonderlich zugetan ist.

Es geht also bei dieser Technik darum, sich in Gesprächen aufmerksam zu verhalten. Nur so können wir alle Informationen bekommen, die wir benötigen, um effektive Kommunikation zu betreiben und zu verstehen. Wir wissen dann, ob wir den anderen lieber in Ruhe lassen sollten oder auf ihn zugehen können. In dem wir unsere Aufmerksamkeit verbessern, verbessern wir auch unsere Kommunikation.

Zuhörzeichen geben

Diese Taktik wenden wir oft unbewusst an, in dem wir mit dem Kopf nicken oder mit den Händen gestikulieren. Wenn uns jemand eine haarsträubende Geschichte erzählt, schütteln wir auch oft ungläubig den Kopf, um zu signalisieren wie geschockt wir von der eben gehörten Information sind. Wenn unser Gegenüber bestätigt bekommt, dass wir ihm zuhören und ihn verstehen, ermutigt ihn das dazu weiterzusprechen. Wir können auch das Gesagte wiederholen, Zustimmungslaute (Aha, Mhm, Aso) geben oder Sätze vervollständigen, um zu signalisieren, dass wir zuhören.

Mit diesen kleinen Zeichen antworten wir also unbewusst auf die Informationen, die wir vom anderen bekommen. Geben Sie aber auch bewusst Zeichen, um zu signalisieren, dass Sie an dem was Sie hören interessiert sind. Frauen neigen übrigens dazu, mehr Zuhörzeichen auszusenden als Männer. Sie geben sich selbst weniger Raum im Gespräch und sind aufmerksamere Zuhörer in Gesprächen. Natürlich können auch Männer gut zuhören, sie geben dabei aber einfach weniger Signale als Frauen das tun.

Passen Sie allerdings auf, dass Sie nicht in Monotonie verfallen. Zu häufige, oder immer die gleichen Zuhörzeichen, wirken eher störend als fördernd auf die Kommunikation.

Fragen stellen

Stellen Sie ihren Mitmenschen Fragen! Das zeigt Interesse und entwickelt Gespräche weiter. Genauso wie bei den Zuhörzeichen, symbolisieren Fragen, dass sie gerne mehr hören möchten, dass sie aktiv bei der Sache und ganz Ohr sind.

Es gibt verschiedene Arten von Fragen, die sich grob in 3 Kategorien einteilen lassen:

- ☑ Offene Fragen
- ☑ Halb-offene Fragen
- ☑ Geschlossene Fragen

Offene Fragen werden oft auch als W-Fragen bezeichnet. Sie bedienen sich häufig an den Fragewörtern Wer, Wie, Was, Wieso, Warum, Weshalb und Wann. Die Fragen werden als offen bezeichnet, weil sie jede Antwort zulassen. Man kann kurz und knapp mit „Ja“ oder „Nein“ antworten oder ausschweifende Erklärungen geben. Ein Beispiel wäre: „Wie war der Urlaub?“. Ihr Gegenüber kann entweder mit einem „Der Urlaub war sehr schön.“ antworten, oder Ihnen detailliert erzählen, was er in den Ferien alles erlebt hat.

Halb-offene Fragen haben oft einen versteckten Hintergrund. Sie dienen dazu, jemanden beim Lügen zu ertappen, stellen Vergleiche an und wollen Gründe offenbaren. Wenn Sie Ihr jugendliches Kind zum Beispiel fragen, wie sein Tag in der Schule war, wollen Sie vielleicht eigentlich wissen, ob es überhaupt in der Schule war.

Geschlossene Fragen werden mit „Ja“ oder „Nein“ beantwortet. Zu ihnen zählen die Suggestivfragen, die auch als Antwortfragen bezeichnet werden. Wenn ich mein Kind frage: „Du warst heute nicht in der Schule oder?“, dann suggeriere ich ihm, dass ich die Antwort eigentlich schon kennen und lügen zwecklos ist.

Geschlossene Fragen stoppen Gespräche. Wenn jemand zu viel redet, kann man durch geschlossene Fragen seinen Redefluss aufhalten und das Gespräch in eine andere Richtung bringen.

Mit unterschiedlichen Fragestilen kann man also auf die Kommunikation einwirken. Wir können Gespräche in Gang bringen oder sie stoppen und wir können Personen signalisieren, dass wir die erfragten Informationen eigentlich schon kennen.

Ich-Botschaften

Jemand anderem vorzuwerfen, was er oder sie falsch gemacht hat wirkt meist eher kontraproduktiv auf die Kommunikation. Wenn Sie ihrem Partner sagen: „Du hast schon wieder vergessen den Müll rauszubringen.“, geht er höchstwahrscheinlich in den Verteidigungsmodus über und das Gespräch endet in einem Streit. Viel mehr sollten wir versuchen auszudrücken, was dieses Verhalten mit uns macht, welchen Einfluss es auf unsere Gefühle hat. Mit Ich-Botschaften tun wir genau das. Sagen Sie also lieber: „Ich fühle mich im Stich gelassen, wenn du mir nicht im Haushalt hilfst. Ich habe viel zu tun, bitte hilf mir in dem du den Müll rausbringst.“. Diese Botschaft bietet weniger Angriffsfläche denn Sie kritisieren ja nicht das Verhalten Ihres Gegenübers, sondern kommunizieren Ihre eigenen Gedanken und Gefühle. Mit dieser Technik bekommen Sie mehr Verständnis und Sie können den anderen eher dazu bringen, sich kooperativ zu verhalten.

Es gibt aber auch Ich-Botschaften, die gar keine sind. Die Aussage: „Ich finde, du hast dich falsch verhalten.", wirkt zwar wie eine Ich-Botschaft, sagt aber eigentlich mehr über den anderen aus als über Sie selbst. Stattdessen sollten Sie lieber das konkrete Verhalten ansprechen und erklären, wie Sie sich dadurch gefühlt haben.

Richtig antworten

Es geht nicht nur darum was und wie Sie Fragen stellen, sondern auch wie Sie darauf antworten. Wie oben schon erwähnt, gibt es verschiedene Arten von Fragen und jede benötigt eine eigene Antwort.

Erklären Sie Dinge und geben Sie genügend Informationen, um sich verständlich auszudrücken. Aber passen Sie auf, dass Sie nicht zu ausschweifend werden. Spätestens wenn Sie bemerken, dass Sie sich wiederholen, ist es an der Zeit zum Ende zu kommen und dem anderen das Wort zu übergeben. Kommunikation ist ein ständiger Austausch, der nur im Wechselspiel funktioniert. Je nachdem wie Sie zu Ihrem Gesprächspartner stehen, sollten Sie sich gegenseitig genügend Raum im Gespräch geben. Die Sprechzeit sollte dabei ungefähr gleich verteilt sein. Aber in einigen Situationen ist es natürlich notwendig, dass eine Person mehr spricht als die andere. Ein Lehrer, der seinen Schülern oder Studenten einen Vortrag hält, wird mehr sprechen als seine Zuhörer. Ein Chef, der einem neuen Mitarbeiter den Firmenablauf erklärt, ebenfalls.

Wenn Sie zu knappe, oder zu lange Antworten geben kann das schädlich für die Kommunikation sein. Vermeiden Sie es auf eine Serie von Fragen nur mit „Ja“ oder „Nein“ zu antworten. Hin und wieder sollten Sie eine längere Antwort oder Gegenfrage einwerfen, um dem anderen nicht das Gefühl zu geben unerwünscht zu sein.

Auch unaufgeforderte Ratschläge sollten vermieden werden. Meistens ist es besser, den anderen selbst auf die richtige Lösung kommen zu lassen, anstatt ihm zu sagen, was er tun soll. Sie können ihm lediglich einen Schubs in die richtige Richtung geben.

Richtige Artikulation

Um richtig verstanden zu werden sollten Sie natürlich auch deutlich sprechen. Versuchen Sie möglichst nicht zu nuscheln oder mit vollem Mund zu sprechen.

Öffnen Sie Ihren Mund weit genug beim Sprechen, vor allem bei der Aussprache von Vokalen. Die richtige Zungenhaltung ist ebenfalls wichtig. Logopäden wissen, dass falsche Mund- und Zungenbewegungen zu Sprachstörungen, wie Lispeln führen können. Ihre Aussprache können Sie selbst trainieren. Machen Sie einen kleinen Test. Lesen Sie einen Text zuerst mit zusammengepressten Lippen und danach mit geöffneten Lippen. Sie werden sehen, dass Ihre Aussprache sich verbessert, wenn Sie Ihren Mund weit genug öffnen.

Verwenden Sie außerdem eher kurze, logische Sätze und benutzen Sie nicht zu viele Fremdwörter.

Ebenso wie Ihre Stimme und Ihre Worte, sollten Sie auch Ihre Körpersprache richtig einsetzten. Vermeiden Sie es, zu wild zu gestikulieren und halten Sie Augenkontakt, wenn Sie mit jemandem sprechen.

Gesprächstechniken

Im therapeutischen Gespräch gibt es noch einige weitere Gesprächstechniken, die der effektiveren Informationsvermittlung dienen. Aus diesem Grund will ich Sie Ihnen nicht vorenthalten:

☑ Verbalisieren

Durch Verbalisieren fassen Sie die Aussagen Ihres Gegenübers mit Ihren eigenen Worten zusammen. Sie konzentrieren sich dabei hauptsächlich auf die emotionale Komponente seiner Aussage. Sie bringen also zum Ausdruck, wie sich der andere gerade fühlen könnte.

Diese Technik verlangt Empathie und Einfühlungsvermögen.

Lassen Sie uns das an einem konkreten Beispiel betrachten:

Stellen Sie sich vor, Sie erfahren von Ihrem Nachbarn, dass er gerade seinen Job verloren hat. Sie sagen Ihrem Nachbarn daraufhin: „Oje, das ist ja schrecklich. Ich kann mir vorstellen, dass Sie jetzt sehr verärgert und verunsichert sind. Ich wäre sehr niedergeschlagen, wenn ich meinen Job verloren hätte." Auch wenn Sie die Gefühle Ihres Nachbarn nicht haargenau treffen, wird er sich freuen, dass Sie versuchen einfühlsam zu sein.

☑ Paraphrasieren

Paraphrasieren ist ähnlich wie Verbalisieren. Man drückt also in seinen eigenen Worten aus, was der andere gerade gesagt hat. Es geht darum, das eigene Verständnis des gesagten wiederzugeben, damit der andere die Möglichkeit hat festzustellen, ob wir ihn auch richtig verstanden haben.

Ein Beispiel: Sie kommen in einen Seminarraum und das Fenster steht weit offen. Sie setzen sich neben einen anderen Seminarteilnehmer und sagen: „Hier weht aber ein starker Wind.“. Ihr Sitznachbar paraphrasiert dann Ihre Worte indem er sagt: „Stört dich der Luftzug? Ich kann das Fenster gerne zumachen.“, woraufhin Sie antworten: „Nein, ich genieße die frische Luft. Im anderen Raum war es unglaublich stickig.“.

Durch das Paraphrasieren konnte der Seminarteilnehmer das Missverständnis direkt aufklären.

Diese Technik kann man im Gespräch mit anderen Menschen sehr gut üben. Stellen Sie jedoch klar, dass Sie Ihr Gegenüber nicht unterbrechen, weil Sie seine Informationen nicht interessieren. Sie wollen lediglich sicherstellen, dass Sie ihn auch richtig verstanden haben.

☑ Spiegeln

Beim verbalen Spiegeln geht es darum, eine Basis zu errichten die dem anderen bei der Selbstreflexion hilft. Sie halten also Ihrem Gegenüber einen Spiegel vor, in dem Sie das, was er sagt und tut nachahmen. Der Mensch kann sich selbst am besten durch seine Mitmenschen sehen. Oft bemerken wir gar nicht, wenn wir uns problematisch verhalten und brauchen einen kleinen Schubs von außen der uns zu verstehen gibt: „Hey, sieh dich doch mal an. So kannst du dich nicht benehmen!". Wie Hofnarren im Mittelalter das Verhalten ihrer Könige und Kaiser spiegelten, um auf humorvolle Weise auf Missstände im Königreich hinzuweisen.

Das Spiegeln von Gesten kann aber auch einen anderen Hintergrund haben. Evolutionär gesehen war es sinnvoll, das Verhalten unserer Mitmenschen zu spiegeln. Wenn wir zum Beispiel beobachten, dass jemand in eine plötzliche Schockstarre verfällt, werden wir automatisch selbst erstarren, um uns vor der Gefahr zu schützen die der andere sieht. Auch wenn wir sie selbst noch gar nicht sehen können.

☑ Konfrontieren

Manchmal erreicht man nur durch Konfrontation eine ehrliche Antwort. Wenn Sie ihrem Gesprächspartner die Fakten an den Kopf werfen, wird er mit der Wahrheit rausrücken müssen. Es geht darum, sich gegenseitig ehrliche Rückmeldungen zu geben. Je ehrlicher Sie sind, desto ehrlicher wird (wahrscheinlich) auch Ihr Gegenüber antworten.

Manchmal müssen Sie Personen aber auch mit schlechten Nachrichten konfrontieren. Ärzte und Therapeuten stehen sehr häufig vor der Herausforderung, Patienten schwere Diagnosen mitteilen zu müssen. Machen Sie deutlich, dass Sie für ein Gespräch offen sind und geben Sie der anderen Person die Gelegenheit auf Sie zuzugehen, wenn er oder sie so weit ist.

☑ Zeit sparen

Stellen Sie sich vor, Sie sind in einer Prüfungssituation. Ihr Prüfer hat Sie gerade etwas gefragt auf das Sie keine Antwort wissen. Um Zeit zu sparen, können Sie Sätze zur Überbrückung anwenden. Floskeln wie: „Das ist eine gute Frage!", oder das Wiederholen der Frage, geben Ihnen die Gelegenheit nach einer passenden Antwort zu suchen. Diese Technik können Sie häufig bei Politikern aber auch bei Lehrern beobachten.

Sie haben nun also einige Kommunikations- und Gesprächstechniken gelernt, die Ihnen dabei helfen können, Ihre sozialen Interaktionen zu verbessern. Je mehr und öfter Sie sie anwenden, desto souveräner werden Sie in Gesprächen werden.

Sie müssen immer ein offenes Ohr und Auge haben, um richtig deuten zu können was die Person, mit der Sie sich unterhalten, Ihnen signalisiert. Im nächsten Kapitel werden wir einige Verhaltensweisen kennen lernen, die entweder Wohlbefinden, Dominanz und Selbstvertrauen oder Unbehagen ausdrücken können. Wenn Sie die Bewegungen anderer Menschen (und auch Abweichungen von typischen Bewegungen) erkennen und richtig deuten können, wissen Sie was diese Person unter Stress setzt, wann sie sich unwohl fühlt und beruhigen will, ob sie sich für das Alpha-Tier im Raum hält oder lieber verkriechen würde. Wenn Sie die Verhaltensweisen aufmerksam studieren und in der Interaktion mit Ihren Mitmenschen üben, werden sich Ihre Konversationen nach und nach verbessern.

KÖRPERSPRACHE

Der Großteil unserer Kommunikation spielt sich unterbewusst ab. Zwischen 60 und 90% unserer Verhaltensweisen sind nonverbal. In bestimmten Situationen in denen Sprache nicht notwendig ist, zum Beispiel während des Liebesakts, passiert sogar über 90% der Kommunikation durch nicht sprachliche Signale.

Die Körpersprache, unsere Mimik und Gestik, und all die kleinen Verhaltensweisen, die wir tun, um uns selbst zu schützen oder in ein positives Licht zu rücken, können unsere wahren Emotionen und Intentionen zum Vorschein bringen. Vielleicht haben Sie in Ihrem Leben schon einmal Poker gespielt. Auch wenn nicht, kennen Sie bestimmt den Ausdruck des Pokerface, einem ausdruckslosen Gesicht, dass nicht viel über die wahre Hand der Person verrät. Aber geübte Pokerspieler sind nicht darauf angewiesen, was die anderen Spieler sagen und was sie durch ihren Gesichtsausdruck verraten. Es sind vielmehr die kleinen, unbewussten Bewegungen der Hände und Füße, des gesamten Oberkörpers und der Atmung, die einem guten Pokerspieler verraten können, wer blufft und wer wirklich gute Karten in der Hand hat.

Diese Körperbewegungen werden auch als Gestik bezeichnet. Gesten sind dabei der charakteristische Ausdruck innerer Haltungen durch Bewegungen der Arme, Beine und Hände. Die Hände spielen eine ganz besondere Rolle in der Kommunikation. Man kann an den Händen einer Person erkennen, welchem Beruf sie nachgeht. Man sieht auch den sozialen Status an den Händen. In Thailand haben Männer, die keine körperliche Arbeit verrichten müssen, oft einen oder mehrere lange Fingernägel. Sie dienen als Symbol, um von vornherein klarzumachen: „Ich gehöre einer höheren sozialen Schicht an, ich muss keine harte körperliche Arbeit verrichten.“. Man kann also an den Händen im Ruhestand schon allerhand über eine Person erfahren.

Unter Gestik versteht man die Gesamtheit der Gesten als charakteristischer Ausdruck innerer Haltungen. Sie dient der nonverbalen Informationsübertragung.

Auch die Beine und Füße können aufschlussreich sein. Wippende Füße oder um Stuhlbeine geschlungene Beine, können ein Zeichen von Nervosität sein. Diese Bewegungen dienen zur Beruhigung und werden ganz automatisch von unserem limbischen System ausgeführt, wenn wir beunruhigt oder gestresst sind und nach Halt und Entspannung suchen. Die Füße gelten dabei als das glaubwürdigste Körperteil. Sie fungieren schon seit Millionen von Jahren als erste Instanz, wenn sich eine drohende Gefahr nähert. Mit den Füßen können wir weglaufen oder erstarren, wir können mit ihnen fühlen und ziehen reflexartig die Füße weg, wenn wir auf etwas Spitzes oder Heißes treten.

Sehen wir uns nun verschiedene Gesten und Bewegungen an, um zu lernen, was sie zu bedeuten haben.

Gestik

Es gibt eine Reihe an nonverbalen Zeichen, die verraten können wie sich der andere wirklich fühlt. Diese Zeichen müssen allerdings auch im richtigen Kontext interpretiert werden können. Manche Leute verschränken zum Beispiel die Arme, um sich selbst zu beruhigen. Sie verschränken eventuell auch die Beine oder nehmen einen breiten Stand ein. Auch die kleinen Bewegungen der Muskeln in den Fingern können uns etwas über die Gemütslage unseres Gegenübers erzählen. Wenn Sie lernen wollen, wie Sie andere Menschen richtig lesen können, sollten Sie sich drüber im Klaren sein, dass Sie andere Menschen beobachten müssen. Am besten unbemerkt. Sie müssen lernen, wie diese Personen sich in bestimmten Situationen verhalten, wann Ihr Verhalten vom Normalverhalten abweicht und welche Hinweise einen Lügner enttarnen könnten ohne, dass diese Menschen merken, dass sie beobachtet werden.

Das Beobachten findet dabei nicht nur über unseren Sehsinn statt. Sie sollten lernen, alle Sinne einzusetzen. Versetzen Sie sich einmal in die folgende Situation: Sie sind abends allein zu Hause. Draußen heult der Wind und plötzlich hören Sie noch ein Geräusch. Es klingt wie das Quietschen Ihrer Haustüre, wenn diese sich öffnet. Da Sie keinen Besuch erwarten und sich sicher sind, dass Sie die Türe abgeschlossen haben, geraten Sie in Alarmbereitschaft. Sie können jetzt entweder zur Türe gehen, um nachzusehen was los ist, sich verstecken oder erstarren und an Ort und Stelle bleiben. Diese drei Reaktionsweisen sind der evolutionär vorgegebene Flight-Fight-Freeze Mechanismus, den wir weiter oben schon besprochen haben. Durch die von Ihnen wahrgenommene Veränderung des Normalzustands gerät Ihr Körper automatisch in eine dieser drei Verhaltensweisen. Glücklicherweise war es in diesem Fall nur Ihr Partner, der etwas vergessen hat und leise zurück ins Haus schlich, weil er dachte, Sie würden schon schlafen. Es hätte aber genauso gut ein Einbrecher sein können. Durch Ihre aufmerksame Beobachtungsgabe konnten Sie eine potentiell gefährliche Situation vorhersehen.

Menschen, die nonverbale Signale anderer richtig deuten können, sind im Leben erfolgreicher. Wenn Sie während eines geschäftlichen Meetings bemerken, dass die Füße Ihres Vertragspartners in Richtung des nächsten Ausgangs zeigen, können Sie davon ausgehen, dass ihm das Gespräch eher unangenehm ist und er den Raum gerne verlassen würde. Durch dieses Wissen haben Sie die Möglichkeit zu intervenieren. Auch wenn Sie herausfinden wollen, ob jemand die Wahrheit sagt ist es sinnvoll seine Bewegungen genau zu beobachten. Wenn Ihnen Ihr Kind beispielsweise erzählt, dass es nach links in die Schule gegangen ist, seine Hand aber dabei nach rechts zeigt, ist es möglich, dass es Sie anlügt. Die unbewusste Handbewegung in die andere Richtung verrät die Diskrepanz des Sprechers, also das Missverhältnis der beiden Informationen.

Gestik, Mimik und Körperbewegungen anderer richtig einschätzen zu können erfordert viel Geduld und Übung. Es gibt einige Grundregeln, die Sie dabei beachten sollten. Sie werden Ihnen helfen, schneller und effizienter kommunizieren zu lernen:

☑ Beobachten als aktiver Akt

Wir haben bei den Kommunikationsregeln schon festgestellt, dass Wahrnehmung und Zuhören aktiv erfolgen müssen, um erfolgreich zu kommunizieren. Auch für die Körpersprache ist es wichtig, mit allen Sinnen aktiv aufzupassen, was der andere von sich gibt. Wenn Sie alles verstehen wollen, was der andere Ihnen erzählt, können Sie sich nicht einfach von ihm berieseln lassen. Sie müssen sich ihm zuwenden und genau zuhören was er sagt und wie er es sagt.

Passen Sie aber auf, dass Sie niemanden anstarren. Das kann schnell zu Unsicherheit bei Ihrem Gegenüber führen und die wahrgenommene Botschaft verzerren. Es ist nicht einfach, das Gleichgewicht zwischen Anstarren und Passivem Zuhören zu halten. Es erfordert Übung und Fingerspitzengefühl aber Sie werden sehen, dass es mit der Zeit immer einfacher wird.

☑ Veränderungen im Verhalten erkennen

Es ist sehr wichtig zu wissen, wie sich Menschen im Normalfall verhalten. Wenn jemand die Hände während eines Gesprächs zu einem Dach gefaltet auf dem Tisch liegen hat, deutet das normalerweise auf großes Selbstvertrauen hin. Das plötzliche Einhaken der Finger, wie bei einer Gebetshaltung, ist ein Zeichen dafür, dass irgendetwas nicht stimmt. Etwas an dem Gespräch hat diese Person verunsichert und lässt sie zweifeln.

Wenn eine Frau, die eben noch sanft ihre Haare hinters Ohr gesteckt hat und Ihnen somit Interesse signalisiert, plötzlich mit den Haaren spielt und sie zu Strähnchen dreht, bedeutet das, dass sie gelangweilt ist und das Interesse an Ihnen oder dem Gespräch verloren hat.

Auch im Umgang mit Kindern ist es wichtig ihr Normalverhalten zu kennen und Abweichungen zu erkennen. Der Junge, der seinen Sportlehrer normalerweise freundlich begrüßt und sich plötzlich von ihm abwendet, den Blick zum Boden gerichtet und die Arme an den Körper gepresst, verbindet eventuell ein negatives Erlebnis mit diesem Lehrer. Hier ist es sinnvoll genauer hinzusehen und nicht so zu tun, als ob nichts wäre. Wenn jeder über diese Beobachtungsgabe verfügen würde, wäre es ein leichtes, Missbräuche rechtzeitig aufzudecken.

Durch Verhaltensveränderungen können Veränderungen der Interessen, Gefühle, Absichten und Gedanken ausgedrückt werden. Wenn jemand auf einmal seine wilden Handgesten einstellt, hat ihn eventuell etwas so erschreckt, dass er wie erstarrt ist.

Auch wenn sich die Person plötzlich mehr bewegt als zuvor, zum Beispiel schneller mit dem Fuß wippt oder aber von seitlichen Bewegungen zu auf und ab Bewegungen wechselt, kann das ein Hinweis darauf sein, dass diese

Person schlechte Nachrichten bekommen hat und sie gerade verarbeitet.

☑ Unterschiede und Gemeinsamkeiten

Lernen Sie auch, welche Verhaltensweisen bei allen Menschen gleich sind und wodurch sich Individuen voneinander unterscheiden. Universell gültige nonverbale Verhaltensweisen werden von allen Menschen ähnlich verwendet. Die Zähne fest zusammenzubeißen und den Kiefer anzuspannen oder seine Fingernägel zu beißen sind solche universellen Handlungen. Sie zeigen Anspannung und Unwohlsein oder Nervosität. Wenn Sie diese allgemeingültigen Handlungen kennen, wissen Sie schon sehr viel über die menschliche nonverbale Kommunikation.

Es gibt aber auch Handlungen, die jeder anders einsetzt. Beobachten Sie dazu Ihre Mitmenschen. Wo legt mein Mann normalerweise sein Handy ab, wenn er ins Bett geht? Welche Bewegungen macht meine Frau mit ihren Händen, wenn Sie mir etwas erzählt? Wie umarmt mein Kind seinen Onkel auf der Familienfeier? Der beste Weg zukünftiges Verhalten vorherzusagen, ist vergangenes Verhalten zu kennen.

☑ Kontextbezogen beobachten

Je nach Situation reagieren Menschen mit unterschiedlichen Verhaltensmustern. Wenn wir gerade einen Autounfall hatten, werden unsere Hände zittern und wir werden eventuell stottern und uns irrational verhalten. Diese Reaktion auf den Schock, den wir gerade erlebt haben, ist ganz normal.

Das Verhalten kann dabei aufgrund eines Ereignisses, einer Person, einem Ort oder einem Zeitpunkt auftreten. Die Auslösebedingungen können also ganz unterschiedlich sein.

In anderen Kulturen ist der Kontext von noch größerer Bedeutung. Eine Studie, die eine Gruppe von Menschen aus Namibia und aus den USA verglich, konnte feststellen, dass die Namibier viel größere Probleme damit hatten emotionale Gesichtsausdrücke der richtigen Gefühlsausprägung zuzuordnen, wenn diese ohne Kontext dargeboten wurden. Es war für sie fast unmöglich ein Lächeln zu erkennen, ohne das Gesamtbild zu sehen.

Der Kontext ist also für die Informationsverarbeitung sehr wichtig. Rufen Sie sich deswegen immer ins Bewusstsein, in welcher Situation sich die Person gerade befindet, die Sie beobachten und analysieren.

☑ Wiederholungen

Wenn jemand wiederholt die gleiche Bewegung macht, kann das sehr aufschlussreich sein. Vor langem habe ich mal von einem befreundeten Polizisten folgende Geschichte gehört: Der Polizist und seine Kollegen hatten auf der Autobahn einen jungen Mann aufgehalten, der im Verdacht stand, Drogen aus den Niederlanden nach Deutschland schmuggeln zu wollen. Die Beamten befragten den Mann zu den Vorwürfen und der stritt natürlich alles ab. Bei der Frage, ob er vorhatte Drogen zu schmuggeln fasste er sich allerdings immer an die Nase, hielt sich die Nasenlöcher kurz zu und zupfte dabei an seinem Nasensteg herum. Der aufmerksame Polizist bemerkte diese kleine Geste und wurde stutzig. Als er ihn zum wiederholten Mal nach seinem Vorhaben fragte, und der Mann wieder die gleiche Handbewegung zur Nase machte, wusste er, dass ihn diese Frage verunsicherte und er sich mit dieser Beruhigungsgeste verriet. Da die Polizisten ihm aber noch nichts nachweisen konnten folgten sie ihm unbemerkt und erwischten ihn dann auf frischer Tat bei der Einfuhr von Cannabis.

Durch die wiederholte Geste konnte der Polizist sich beinahe sicher sein, dass der junge Mann etwas im Schilde führte.

☑ Täuschungssignale erkennen

Mit Hilfe dieses Ratgebers werden Sie lernen Signale richtig einschätzen zu können. Es bedarf viel Übung, sich die vielen verschiedenen Bewegungen und Bewegungsmuster einzuprägen und im Alltag richtig beurteilen zu können. Natürlich gibt es auch Menschen, die sich der Signale ihres eignen Körpers bewusst sind und diese zielgerichtet einsetzen, um andere in die Irre zu führen. Aber auch die besten Betrüger, verraten sich irgendwann da unser Unterbewusstsein in Extremsituationen immer die Überhand hat. Sie werden mit der Zeit lernen, falsche Signale zu erkennen.

Die wichtigsten sind dabei Anzeichen für Wohlbefinden und Unbehagen. Sie können nicht immer sicher sein, was eine Geste bedeutet. Das müssen Sie auch nicht. Wenn Sie eine Bewegung nicht genau einschätzen können, überlegen Sie sich ob Ihr Gegenüber eher Wohlbefinden ausstrahlt oder Unwohlsein. Dient seine Berührung der Beruhigung oder ist sie ein Ausdruck seines Selbstbewusstseins?

Blicken Sie außerdem zuerst auf die Füße des anderen. Die Füße sind oft weniger steuerbar als Hände oder Gesichtsausdrücke. Wenn jemand über dem Tisch ruhig und entspannt wirkt aber unter dem Tisch wild mit den Füßen zappelt, ist das ein sicheres Anzeichen dafür, dass er aufgeregt ist oder ihm unwohl ist.

In der nachfolgenden Tabelle habe ich die häufigsten Verhaltensweisen und ihre Bedeutung auf einen Blick zusammengefasst. Sie sind dabei in drei Kategorien eingeteilt. Gesten die Wohlbefinden oder Selbstvertrauen aussenden, Gesten die Unbehagen oder Widersprüche widerspiegeln und Verhaltensweisen die der Dominanz und Autorität dienen. Nehmen Sie sich Zeit, diese genau zu studieren und durchzulesen:

WOHLBEFINDEN / SELBSTVERTRAUEN	
Daumen raus	Wenn die Hände in den Hosentaschen stecken ist das meist ein Zeichen von geringem Selbstvertrauen. Schauen die Daumen aber heraus, so zeugt das von Autorität.
Dach mit den Händen machen	Die Hände mit gespreizten Fingern sichtbar zu einem Dach zu falten bedeutet, dass man zu dem, was man sagt steht.

WOHLBEFINDEN / SELBSTVERTRAUEN	
Gekreuzte Beine im Stehen	Mit überkreuzten Beinen dazustehen bedeutet, dass man Vertrauen hat. Dies ist eine verletzliche Position, in der man leicht umfallen kann und wir stehen nur in Gegenwart von Personen, denen wir vertrauen so.
Gekreuzte Beine im Sitzen	An dieser Sitzhaltung kann man viel über die Einstellung einer Person erfahren. Das Bein, das bei der Überkreuzung oben liegt, zeigt zum Sprecher? Das bedeutet, dass er mit dem Gesagten einverstanden ist. Wenn der Mensch aber seine Sitzhaltung ändert und das andere Bein nach oben legt, bedeutet das, dass ihm irgendetwas an dem Gespräch nicht gefällt.

WOHLBEFINDEN / SELBSTVERTRAUEN	
Kopf zur Seite legen und Hals entblößen	Beim Flirt legen wir oft unseren Kopf zur Seite und entblößen so unseren Hals. Diese Geste macht uns angreifbar und wir führen sie nur aus, wenn wir uns wohlfühlen.
Im Gespräch mit jemandem wegsehen, um nachzudenken	Das Wegsehen während eines Gesprächs wird oft missverstanden. Es ist eine der Gesten, die zeigt, dass wir uns in Gegenwart unseres Gesprächspartners entspannen können. Wir sehen weg, um den nächsten Gedanken klarer fassen zu können.
niedrige (normale) Blinzelfrequenz	Um die Blinzelfrequenz einschätzen zu können ist es wichtig zu wissen, wie oft eine Person normalerweise blinzelt. Es gibt Menschen, die schon von vorneherein häufig mit den Augenliedern blinzeln. Wenn man unter Stress steht, wird das Blinzeln häufiger.

WOHLBEFINDEN / SELBSTVERTRAUEN	
Kinn und Nase nach oben	Mit erhobenem Haupte wirkt man souveräner und selbstbewusster.
Dinge, die zwischen Gesprächspartnern stehen wegräumen	Menschen, die sich unwohl fühlen benutzen oft Gegenstände als Barrikaden zwischen sich und dem Gegenüber. Wenn jemand alle Dinge, die zwischen ihm und seinem Gesprächspartner stehen wegräumt, zeigt das Vertrauen und Wohlbefinden.
Sich näher kommen	Wenn Personen sich während eines Gesprächs immer näherkommen und so die Distanz zwischen sich verringern, heißt dass, das sie sich in der Gegenwart des anderen wohlfühlen.

WOHLBEFINDEN / SELBSTVERTRAUEN	
Spiegeln	Personen, die auf einer Wellenlänge sind und sich gegenseitig vertrauen werden mit der Zeit anfangen ihr Verhalten zu spiegeln. Sie nehmen zum Beispiel die gleiche Sitzposition ein.
Jemanden mit den Füßen berühren	Wen sich Personen unter dem Tisch sanft mit den Füßen berühren vertrauen sie sich höchstwahrscheinlich. Dieses Füßeln kann man vor allem bei Verliebten beobachten.
Sich jemandem zuwenden; einen Schritt auf ihn zugehen	Jemand, der uns sympathisch ist wird von uns mehr Aufmerksamkeit bekommen. Wir wenden uns ihm mit unserem Oberkörper zu, oder gehen einen Schritt auf ihn zu.

UNBEHAGEN UND BERUHIGUNGSGESTEN	
Spielen mit einer Halskette	Das Spielen mit der Halskette ist vergleichbar mit dem Bedecken des Halses. Es beruhigt in Situationen, in denen wir unter Stress stehen.
über den Hals streicheln	Das Streicheln des Halses ist ähnlich wie das Spielen mit der Halskette. Es stimuliert die Nervenenden und folgt oft auf einen negativen Reiz.
im Gesicht berühren	Männer berühren sich häufig im Gesicht, wenn sie sich unwohl fühlen. Sie reiben sich die Stirn, fassen sich ans Kinn oder streicheln sich über die Wangen. Frauen neigen eher dazu mit ihren Kleidungs- oder Schmuckstücken zu spielen.

UNBEHAGEN UND BERUHIGUNGSGESTEN	
Geräusche machen	Vielleicht sind Sie schon mal alleine abends nach Hause gegangen. Pfeifen beruhigt dabei ungemein. Andere beruhigende Geräusche sind klopfen oder mit den Fingern trommeln.
Gähnen	Wir gähnen, wenn wir müde sind. Aber auch wenn wir unter Stress stehen. Das Gähnen befeuchtet dabei nämlich den Mund, der in stressigen Situationen trocken wird.
Mit der Hand das Bein streicheln	Über das Bein zu streicheln ist ähnlich wie sich im Gesicht oder am Hals zu berühren. Es ist allerdings unauffälliger, da die Beine häufig außer Sichtweite sind.

UNBEHAGEN UND BERUHIGUNGSGESTEN	
mit den Fingern den Hemdkragen weiten	Männer, die unter starkem Stress stehen weiten oft ihre Krawatte oder ihren Hemdkragen, um besser Luft holen zu können. Wenn sie sich in die Enge getrieben fühlen, kann man diese Geste häufig beobachten.
verschränkte Arme Beruhigung	Sich mit den Armen selbst zu umarmen und dabei die Schultern sanft zu streicheln oder zu reiben wirkt ungemein beruhigend.
bei Rauchern: mehr rauchen	Raucher werden, wenn sie nervös sind häufiger zur Zigarette greifen als in entspannten Situationen.
Kaugummi kauen und Kaufrequenz erhöhen	Jemand der gerade einen Kaugummi kaut, wird ihn schneller kauen als zuvor. Halten Sie wieder Ausschau nach Veränderungen im Verhalten.

UNBEHAGEN UND BERUHIGUNGSGESTEN	
laut ausatmen	Vielleicht haben Sie schon einmal den Tipp bekommen vor wichtigen Terminen auf Ihren Atem zu achten, um sich zu beruhigen und Ihre Herzfrequenz zu regulieren.
Nacken berühren	Berührungen des Nackens sind gleichzustellen mit Berührungen des Hales und des Gesichts. Auch eine kleine Nackenmassage dient der Entspannung und kann bei Leuten beobachtet werden, die unter Anspannung stehen.
Kleidung anfassen	Wie schon erwähnt, neigen Frauen eher dazu sich an der Kleidung zu berühren und Männer berühren sich im Gesicht.
mit Gegenständen spielen	Gegenstände dienen dabei wie die Kleidung zur Beruhigung.

UNBEHAGEN UND BERUHIGUNGSGESTEN	
Krawatte richten	Mit der Gestik des Krawattenrichtens bedecken Männer ihren Rumpf. Sie tun dies in Situationen, in denen sie sich nervös fühlen. Der Rumpf wird geschützt, da er viele wichtige Organe enthält. Unser Unterbewusstsein versucht ihn also in Situationen, die bedrohlich wirken zu verstecken.
Etwas vor den Körper halten	Wie eine Barrikade halten manche Menschen Gegenstände vor ihren Körper, wenn sie sich unwohl fühlen. Das können Kissen, Taschen oder Akten sein. Durch diesen Schutzschild kann man sich vom anderen abgrenzen.

UNBEHAGEN UND BERUHIGUNGSGESTEN	
Sich klein machen	Dieses Verhalten kann man bei Ladendieben beobachten. Sie versuchen sich zu ducken, um sich möglichst unsichtbar zu machen. Wenn Kinder sich im Beisammensein mit Erwachsenen unwohl fühlen, werden sie versuchen sich so klein wie möglich zu machen, um nicht aufzufallen.
Vor Freude zittern	Wenn Personen durch freudige Ereignisse aufgeregt sind, kann es sein, dass sie vor Vergnügen mit den Händen zittern oder
Mit den Füßen wippen; auf Zehenspitzen oder im Sitzen mit den Knien	Wer eine freudige Nachricht erhält macht manchmal unbewusste kleine Luftsprünge mit den Füßen. Dieses Verhalten passiert oft unterbewusst und kann nur schwer vorgetäuscht werden. Es zeugt daher von ehrlicher Emotion.

UNBEHAGEN / WIDERSPRUCH	
Mit den Händen in eine Richtung deuten	Ein klares Zeichen von Widerspruch ist es mit den Händen in eine Richtung zu deuten während man über die andere Richtung spricht. Wenn ich sage ich bin nach rechts gegangen und dabei mit der Hand nach links zeige zum Beispiel.
Das Knie berühren	Wenn jemand ein Gespräch beenden möchte legt er häufig im Sitzen beide Hände auf seine Knie.
Kälte als Ausdruck von Unbehagen	Verschränkte Arme sind auch manchmal ein Ausdruck von Kälte. Das heißt aber keineswegs, dass diese Kälte nicht auch ein Anzeichen von Unbehagen sein kann. Wenn jemandem ständig kalt ist und den anderen Personen im Raum nicht, kann das ein Zeichen dafür sein, dass diese Person sich unwohl fühlt.

UNBEHAGEN / WIDERSPRUCH	
kein Appetit	Bei negativen Nachrichten leiden wir Menschen häufig unter Appetitlosigkeit. Ein Kind, dessen Eltern sich am Essenstisch streiten wird mit Sicherheit unter Stress stehen und den Appetit verlieren.
wegdrehen	Sich einer Sache entziehen zu wollen, wenn man sich in die Enge gedrängt fühlt ist natürlich. Wir drehen uns dabei häufig einige Millimeter von unserem Gesprächspartner weg.

UNBEHAGEN / WIDERSPRUCH	
mit den Füßen ein L bilden	Wenn Personen während eines Gesprächs einen Fuß wegdrehen und dadurch L-förmig dastehen, bedeutet das, dass sie das Gespräch beenden wollen und sich schon Bereit machen wegzugehen. Es muss aber nicht bedeuten, dass sie das Gespräch nicht genießen. Manchmal möchte man zwar gerne weiterreden, muss aber schon zu einem Termin.
Stirnrunzeln	Stirnrunzeln signalisiert Unruhe und wird häufig von einer Beruhigungsgeste begleitet.

UNBEHAGEN / WIDERSPRUCH	
Mit den Schultern zucken	Ein leichtes Schulterzucken ist eher ein Zeichen, dass jemand die Unwahrheit sagt, als ein starkes gleichmäßiges Heben beider Schultern. Wenn Sie ihr Kind fragen, ob es weiß warum die Vase kaputt ist und es nur leicht die Schultern hebt, ist es möglich, dass es gerade nicht sehr ehrlich war.
Sich nach vorne lehnen	Wenn ihr Gegenüber sich nach vorne lehnt auf dem Stuhl bis zur Stuhlkante rutscht ist das mit den Händen auf den Knien gleichzusetzen und es bedeutete, dass der andere das Gespräch jetzt lieber beenden möchte.
Angelegte Arme, Hände auf dem Schoß	Personen, die die Arme nah am Körper anlegen oder sie sich im Sitzen auf die Oberschenkel legen zeigen, dass sie sich unwohl und unsicher fühlen.

UNBEHAGEN / WIDERSPRUCH	
Verschwitze Hände	Manche Menschen neigen zu verschwitzen Händen wenn es warm ist oder wenn sie nervös sind. Man kann auch beobachten, dass sie sich die Hände an der Kleidung abwischen.
Händezittern	Wenn wir nervös sind fangen wir oft unkontrolliert an zu zittern. Es ist also ein klares Zeichen von Unbehagen.
Händeringen, Finger verschränken	Unter Stress verschränken wir oft die Finger ineinander. Diese Haltung erinnert an jemanden der betet. Er hofft durch diese Handhaltung irgendwie etwas an seiner derzeitigen Situation verändern zu können.

UNBEHAGEN / WIDERSPRUCH	
Hände reiben	Sanftes Händereiben steht für geringen Stress und leichte Verunsicherung. Wenn die Intensität der Reibung zunimmt so könne wir davon ausgehen, dass auch der Stress der Person zugenommen hat.
Einen Schritt von jemandem weggehen, sich wegdrehen	Ich ziehe meine Füße dann von jemandem weg, wenn ich gehen möchte oder ihn unsympathisch finde und Distanz zwischen uns errichten möchte. Ich kann auch einen Schritt von ihm weggehen.
Füße verstecken	Personen, die ihre Füße verstecken wirken, als ob sie etwas zu verbergen hätten. Die Analyse ihrer Reaktionen ist schwieriger, wenn Sie ihre Füße verbergen.

UNBEHAGEN / WIDERSPRUCH	
Füße um die Stuhlbeine schlingen	Wenn Sie Ihre Füße um die Stuhlbeine schlingen, sind Sie in Ihren Bewegungen eingeschränkt. Es ist ein Indiz dafür, dass Sie etwas belastet.
Erstarren; Plötzliches Einstellen von Bewegung	Jemand, der erstarrt hat sich eventuell gerade erschreckt und ist verunsichert. Wir verfallen in eine Art Schockstarre, die uns evolutionär angeboren ist, wenn wir eine Bedrohung wahrnehmen.
Plötzliche Häufung der Bewegung	Nach einer unangenehmen Frage häuft sich manchmal die Bewegung von jemandem, der sich unwohl fühlt.

RESPEKT ODER TERRITORIALVERHALTEN / DOMINANZ	
Sich verbeugen	in vielen asiatischen Ländern verbeugen sich Personen zu Begrüßung, anstatt sich die Hände zu schütteln. Ich habe während eines Besuchs in Thailand sogar schon einmal eine Ablehnung gegen das Händeschütteln erfahren. Sich zu verbeugen zeugt dagegen von Respekt.
Sich aufplustern	Wenn jemand die Brust raustreckt und sich so größer macht, möchte er seine Dominanz zur Schau stellen und sagt nonverbal: „Ich bin hier der Chef!"
Hände hinter dem Kopf und auf Stuhl zurück lehnen	Wenn sich jemand auf seinem Stuhl entspannt zurücklehnt und dabei beide Hände hinter dem Kopf verschränkt, zeugt das von Selbstbewusst, Wohlbefinden und Dominanz.
Hände in die Seiten	Die sogenannte Superman Pose. Wenn Frauen in Führungspositionen so dastehen wirken sie auf ihre männlichen Mitarbeiter autoritärer. Wenn die Daumen allerdings dabei nach vorne gerichtet sind, zeugt das eher von Neugierde als Autorität.

RESPEKT ODER TERRITORIALVERHALTEN / DOMINANZ	
Arm auf Stuhllehne abgelegt	Männer legen oft den Arm um die Stuhllehne einer Frau. Aber auch, wenn niemand auf dem Stuhl sitzt, zeugt das Ablegen des Armes auf der benachbarten Armlehne von Territorialverhalten. Die Person versucht ein größeres Revier in Anspruch zu nehmen.
Mit verschränkten Armen nach vorne auf den Tisch beugen	Wer die Arme verschränkt und sich dabei mit dem Oberkörper vorlehnt ist bereit für eine Konfrontation.
Auf gespreizten Fingern abstützen	Sich mit beiden Händen auf seinen gespreizten Fingern abzustützen ist ebenfalls eine Geste der Dominanz.
Arme hinter dem Rücken	Diese Geste macht den anderen unantastbar und unnahbar. Er gibt damit zu verstehen, dass er einen höheren Status hat.
Hände zeigen	Wenn Personen in Gesprächen ihre Hände herzeigen und auf den Tisch legen wirkt das Gesagte ehrlicher.

RESPEKT ODER TERRITORIALVERHALTEN / DOMINANZ	
Fester Handschlag	Ein fester Handschlag, der in eine oder die andere Richtung gelenkt wird, zeugt von Dominanz. Noch auffälliger wird das Dominanzverhalten, wenn die Person die eigene Hand oben hat.
Kleidung ausziehen	Vor einer körperlichen Auseinandersetzung ziehen Personen manchmal Kleidungsstücke aus. Wenn Sie in einem Gespräch jemandem dabei beobachten, wie er seinen Hut abnimmt oder andere Kleidungsstücke auszieht (und Sie ausschließen können, dass ihm einfach nur heiß ist) steht eventuell eine konfrontative Auseinandersetzung bevor.
Hüftbreiter Stand	Je mehr Platz eine Person einnehmen zu versucht, desto mehr dominanter möchte sie wirken. Wenn jemand in einem Gespräch seinen Stand immer mehr weitet, zeigt das, dass er mit dem Verlauf des Gesprächs nicht zufrieden ist und uns bereit machen, ihn zu ändern.

Das äußere Erscheinungsbild

Sie haben doch bestimmt schon einmal das Sprichwort gehört, dass man ein Buch nicht nach seinem Umschlag beurteilen soll. Leider tun wir aber genau das tagtäglich. Wir schätzen Personen aufgrund ihrer Kleidung, ihres Körperschmucks oder anhand von Tätowierungen ein. In einer Untersuchung an der Universität Göttingen konnte festgestellt werden, dass wir die Tätowierungen auf dem Körper von Personen länger ansehen als ihren Schmuck oder ihre Narben. Die Testpersonen wurden auch zu ihrer Einstellung gegenüber diesen Tätowierungen befragt. Die meisten fanden Menschen mit vielen Tattoos eher unattraktiv und sagten, dass sie auf sie aggressiv wirkten. Männer wirkten durch ihre Tattoos maskuliner, Frauen hingegen wurden von ihren Geschlechtsgenossinnen als weniger attraktiv und ungesünder eingeschätzt.

Was wir an unserem Körper tragen, beeinflusst also, wie andere uns wahrnehmen. Mit Schmuck kann man sein Wohlhaben ausdrücken. Teure Uhren und goldene Ketten gelten in vielen sozialen Kreisen und Kulturen als Statussymbole. Wer sich also schmückt, zeigt, dass er Geld hat und Respekt verdient.

Auch anhand von Kleidung beurteilen wir unsere Artgenossen. Nicht umsonst heißt es: Kleider machen

Leute. Kleidung ist ebenso ein Ausdruck von Persönlichkeit und Individualität wie es Tattoos oder Piercings sind. Menschen, die sich gerne bunt kleiden wirken zum Beispiel auf andere aufgeschlossener und lebensfroher als Personen, die dunkle Farben bevorzugen.

Beim Erscheinungsbild sind nicht nur die materiellen Gegenstände wichtig mit denen wir unseren Körper verzieren können, auch die Körperpflege sagt einiges über einen Menschen aus. Personen, die unter Depressionen leiden, vernachlässigen häufig ihre persönliche Hygiene. Wenn Sie auf andere einen guten Eindruck machen wollen, sollten Sie niemals auf Ihre Hände vergessen. Saubere Fingernägel symbolisieren mehr Souveränität als abgekaute Fingernägel, die eher für Nervosität stehen. Wenn Männer lange Fingernägel haben wirkt das sehr weiblich und kommt bei vielen Frauen negativ an.

In einer perfekten Welt würden wir niemanden aufgrund seines Aussehens beurteilen oder sogar verurteilen. In der Realität hat es sich allerdings als sehr reliable Informationsquelle erwiesen, zu analysieren wie sich eine Person in der Öffentlichkeit präsentiert.

Wir haben nun viele Bewegungen kennengelernt, die uns einen Einblick in die verborgenen Intentionen und Gefühle unserer Mitmenschen geben können. Lassen Sie uns jetzt die Gesichtszüge und Bewegungen ansehen, die wir Menschen tagtäglich ausführen.

Mimik

Wenn Sie in ein neues Land reisen, dessen Sprache Sie nicht verstehen, müssen Sie die Gesichtsbewegungen der Landsleute als Hinweis heranziehen. Sie können Ihnen verraten, was sie denken. Das Gesicht eines Menschen zeigt Emotionen, egal ob es ein Lächeln, ärgerlich zusammengezogene Augenbrauen oder weit aufgerissene Augen sind. Sie können ebenfalls erkennen ob jemand müde oder gelangweilt ist.

Diese Art der Kommunikation ist universell gültig und in den meisten Kulturen gleich. Es gibt aber auch Ausnahmen. Beispielsweise wird ein Nasenrümpfen von einem Volk in Papa-Neuguinea als Ausdruck von Erstaunen verstanden anstatt als Zeichen von Ekel aufgefasst.

Die Mimik ist außerdem leichter vorzutäuschen als Gestik. Wir lernen schon als Kleinkinder, nicht so ein Gesicht zu machen, wenn uns etwas nicht gefällt. Ein aufgesetztes Lächeln ist nicht schwer zu simulieren. Wir können anhand der Mimik aber trotzdem einiges über die Gefühlslage einer Person in Erfahrung bringen. Dazu müssen wir sie vor allem im Kontext der Situation und in Verbindung mit anderen Bewegungen des Körpers betrachten.

Unter Mimik versteht man Veränderung der Miene als Ausdruck von Empfindungen, Gedanken oder Wünschen.

Die nachfolgende Tabelle beschreibt einige Gesichtsausdrücke und ihre Bedeutungen. Die Bewegungen des Gesichts sind dabei grob in die Kategorien Positive und Negative Emotionen eingeteilt. Achten Sie bei der Analyse von Gesichtsausdrücken aber vor allem auf Abweichungen und Unstimmigkeiten. Veränderungen im Verhalten sind immer ein gutes Anzeichen für Emotionen. Auch Unstimmigkeiten in der Mimik und der Gestik sind wichtige Indikatoren dafür, ob jemand die Wahrheit sagt.

NEGATIVE EMOTIONEN	
Zusammengekniffene Augen, Stirnrunzeln	Wenn Sie jemanden mit zusammengekniffenen Augen ansieht und dabei die Stirn runzelt, können Sie sicher sein, dass er nachdenklich oder gestresst ist. Zusammengekniffene Augen sind ein Zeichen negativer Gefühle oder Gedanken.
Abgewandter Blick	Personen, die es vermeiden jemanden anzusehen, sei dies durch das Bedecken des Gesichtes durch Augenreiben oder ähnliches oder durch das Abwenden des Blickes, haben mit negativen Gefühlen zu kämpfen.
Zugekniffene Augen, kleine Pupillen	Wenn wir Nachrichten bekommen, die uns nicht sehr erfreuen dann kneifen wir die Augen zusammen und die Pupillen verengen sich wieder.
Lippen zusammenpressen	Wenn jemand die Lippen zusammenpresst dann ist er wahrscheinlich gestresst und hat ein Problem.

NEGATIVE EMOTIONEN	
Tief herabgezogene Augenbraunen	Menschen, die ihre Augenbrauen sehr tief herabsenken sind eventuell beleidigt, verärgert oder gekränkt. Es ist auch möglich, dass sie aggressiv sind und auf Streit aus.
Augenrollen, jemanden aus dem Augenwinkel ansehen	Wir alle kennen das charakteristische Augenrollen von genervten Teenagern. Wenn wir jemanden so ansehen, bedeutet das, dass wir ihm nicht glauben oder ihm nicht vertrauen.
Falsches Lächeln	Ein vorgetäuschtes Lächeln ist nicht einfach zu erkennen aber mit ein bisschen Übung ist es möglich, ein echtes von einem gefälschten Lächeln zu unterscheiden. Bei einem falschen Lächeln ziehen sich die Mundwinkel eher auseinander aber nicht nach oben, wie bei einem echten Lächeln.

NEGATIVE EMOTIONEN	
Schmollmund	Wenn wie unsere Lippen schürzen, während wir jemandem zuhören, stimmen wir dem gesagten mit großer Wahrscheinlichkeit nicht zu.
Gequältes Grinsen	Diese Art des Lächelns ist eine äußerst abfällige Geste. Wir ziehen dabei die Wangenmuskeln und die Mundwinkel weit nach oben. Wir zeigen damit, dass wir den anderen überhaupt nicht leiden können.
Rausgestreckte Zunge	Die rausgestreckte Zunge eines Menschen beim Essen zeigt Abscheu vor der Mahlzeit. Wenn sie nur kurz hervorblitzt zeigt das unter anderem Schadenfreude. Menschen, die mit etwas Verwerflichem davongekommen sind oder denken, dass sie erwischt worden sind, lassen ihre Zunge zwischen den Zähnen herausblitzen, ohne die Lippen zu berühren.

NEGATIVE EMOTIONEN	
Lippenlecken	Mit der Zunge über die Lippen zu streichen wirkt beruhigend. Es befeuchtet die vom Stress ausgetrockneten Lippen und den Mund.
Mit den Nasenflügeln wackeln	Dies ist eine Geste, mit der sich jemand auf physische Aktivität vorbereitet. Sportler atmen so tiefer ein, aber auch Personen, die sich streiten möchten, flattern mit den Nasenflügeln.
Rot werden	Wir erröten, wenn wir verliebt sind, aber auch wenn wir uns schämen.
Blass werden	Wenn wir uns sehr vor etwas schrecken, weicht das Blut aus unserem Gesicht und wir erblassen.

POSITIVE EMOTIONEN	
Entspannte Gesichtsmuskeln (Kopf zur Seite)	Wie oben schon erwähnt ist das Entblößen des Hales eine Geste, die wir nur in Gegenwart von Menschen machen, denen wir wirklich vertrauen. Wer also sein Gesicht entspannt und seinen Kopf leicht zur Seite neigt fühlt sich wohl.
Aufgerissene Augen, geweitete Pupillen	Bei Überraschungen weiten sich unsere Pupillen und die Augen werden weit aufgerissen, um möglichst viel Licht in das Auge hereinzulassen und eine mögliche Bedrohung gut zu erkennen.
Intensiver Blickkontakt	Wenn wir jemanden sehr intensiv ansehen kann das unterschiedliche Gründe haben. Immer, werden aber starke Gefühle kommuniziert. Ob diese negativ oder positiv sind ist aus dem langanhaltenden Blickkontakt nicht herauszulesen.

Diese Tabelle gibt nur einen kleinen Überblick über die vielen Gesichtsbewegungen, die wir Menschen tagtäglich machen. Gesichtsausdrücke können aber sehr unterschiedlich sein und sind häufig so flüchtig, dass man sie kaum bemerkt.

Wenn Sie sich nicht sicher sind, was ein Gesichtsausdruck bedeutet, versuchen Sie ihn nachzuahmen und hören Sie dabei auf Ihre innere Stimme. Kommen bei Ihnen eher positive oder negative Gefühle hoch? Dieser Trick kann Ihnen helfen eine bestimmte Mimik besser einzuschätzen.

Sie haben nun eine Reihe verschiedener Gesichtsausdrücke kennengelernt. In der nächsten Interaktion mit einem anderen Menschen können Sie ausprobieren, ob Sie an seiner Mimik erkennen können, ob er sich wohl fühlt und Ihnen zugetan ist, oder eher nicht. Nutzen Sie die Vorteile dieser nonverbalen Kommunikation, um herauszufinden ob jemand gestresst ist und dieser Stress möglicherweise ein Zeichen für Unehrlichkeit ist.

LÜGEN ERKENNEN

Zu erkennen, ob jemand die Wahrheit oder die Unwahrheit sagt ist leider eine der schwersten Fähigkeiten, die es zu erlernen gibt. Ein gekonnter Täuscher weiß um die Verhaltensweisen, die zu einer Situation passen und kann diese gekonnt einsetzten, um Sie hinters Licht zu führen.

Mit den Verhaltensweisen, die Sie in den Kapiteln Mimik und Gestik gelernt haben, können Sie aber realistisch einschätzen ob jemand sich wohl fühlt oder nicht. Grundsätzlich fühlen sich Menschen nämlich wohler, wenn sie ehrlich sind.

Nicht einmal geübte Polizeibeamte können immer erkennen, wenn jemand lügt. Es kommt auf die vielen feinen Bewegungen an, die es alle zu beachten gilt. Es ist also eher Glückssache, jemanden beim Lügen zu ertappen.

Was man allerdings lernen kann, sind Signale des Körpers richtig zu deuten. Wenn Sie jemanden damit konfrontieren, dass seine Körperhaltung Ihnen zu verstehen gibt, dass er sich unwohl fühl oder dass ihm etwas nicht gefällt, wird er Ihnen womöglich die Wahrheit sagen.

Seien Sie sich also immer bewusst, dass wir nie eindeutig wissen können, ob jemand lügt und versuchen Sie niemanden vorschnell als Lügner zu bezeichnen der eventuell einfach nur unter Stress steht.

Ich kann Sie also durch diesen Ratgeber nicht zu einem menschlichen Lügendetektor ausbilden. Bücher, die dies versprechen sind eher mit einem gewissen Vorbehalt zu genießen. Sie können aber lernen, wie man die kleinen subtilen Gesten und Gesichtsbewegungen, die Wohlbehagen oder Unwohlsein ausdrücken, richtig interpretieren kann. Nun müssen Sie Ihr Wissen nur mehr richtig einsetzen. Versuchen Sie in Gesprächen die Gesprächs- und Kommunikationstechniken einzusetzen, die Sie hier gelernt haben. Beobachten Sie Ihr Gegenüber und versuchen Sie, seine Körpersprache zu analysieren. Sie haben nun die wichtigsten Werkzeuge zur effektiven Kommunikation in der Hand. Viel Glück in Ihrem nächsten Gespräch!

EXKLUSIVER BONUS

HÖRBUCH GRATIS ERHALTEN

Das 1x1 der Manipulation

Halten Sie Ihre Handykamera einfach auf den QR Code
und kommen Sie so zu dem Gratis-Download:

QR-Code mit Kamera scannen und
GRATIS Bonus erhalten:

HAFTUNGSAUSSCHLUSS

Dieses Buch enthält Meinungen und Ideen des Autors / der Autorin und hat die Absicht, Menschen hilfreiches und informatives Wissen zu vermitteln. Die enthaltenen Strategien passen möglicherweise nicht zu jedem Leser, und es gibt keine Garantie dafür, dass sie auch wirklich bei jedem funktionieren. Die Benutzung dieses Buchs und die Umsetzung der darin enthaltenden Informationen erfolgt ausdrücklich auf eigenes Risiko. Haftungsansprüche gegen den Autor für Schäden materieller oder ideeller Art, die durch die Nutzung oder Nichtnutzung der Informationen bzw. durch die Nutzung fehlerhafter und/oder unvollständiger Informationen verursacht wurden, sind ausdrücklich ausgeschlossen. Das Werk, inklusive aller Inhalte, gewährt keine Garantie oder Gewähr für Aktualität, Korrektheit, Vollständigkeit und Qualität der bereitgestellten Informationen. Druckfehler und Fehlinformationen können nicht vollständig ausgeschlossen werden.

Impressum: Moskovskaya str. 3B, Luhansk, 91000, Ukraine, oleg.gorlov583@ukr.net

Printed in Poland
by Amazon Fulfillment
Poland Sp. z o.o., Wrocław

89954272R00066